Petra Stamer-Brandt

Wut-weg-Spiele

CHRISTOPHORUS

Inhalt

Vorwort

Gefühle zeigen

Timm und Kira spielen ganz friedlich in der Puppenecke. Plötzlich hebt ein großes Geschrei an. Timm hat Kira völlig aus heiterem Himmel gegen das Schienbein getreten. Frau A., die Gruppenerzieherin, ist ratlos und verzweifelt. Immer wieder kommt es bei Timm zu solchen und ähnlichen aggressiven Gefühlsausbrüchen.

Allmählich kann das nicht mehr hingenommen werden. Gemeinsam mit Timms Eltern, die ebenso über Timms Verhalten verstört sind, denken die Erwachsenen über die Ursachen nach und entwickeln so etwas wie eine Krisenstrategie.

Das Gefühl der Wut gehört zu unserem Leben wie andere Gefühle auch. Es kann deswegen nicht darum gehen, Wut zu verhindern. Aber die Kinder müssen lernen, mit ihrer Wut umzugehen und sie so zu kanalisieren, dass sie nicht in offene Aggression umschlägt und dazu führt, dass Gewalt gegen Sachen oder gar andere Kinder ausgeübt wird.

Eine amerikanische Studie kommt zu dem Schluss, dass vor allem Jungen im Vor- und Grundschulalter aggressives Verhalten zeigen. Sie gelten als frech, extrem unangepasst und versuchen sich fehlende Anerkennung durch Mobben, Schlagen, Erpressen und Zerstören zu „erkaufen".

Es gibt viele Ursachen für Aggressionen

Es gibt viele Ursachen für Wut und Aggressionen. Die häufigsten Gründe für aggressives Verhalten sind Enttäuschungen über nicht erfüllte Wünsche, die Wut über ein eigenes Missgeschick oder die Verletzung durch eine andere Person. Auch Ablehnung, Bestrafung, Mangel an Beachtung und Zurechtweisung können zu Wutausbrüchen führen. Wer von uns kennt das nicht?

Wir Erwachsenen haben allerdings gelernt, unsere Wut zu kanalisieren, sie umzuleiten, zu verdrängen, in andere Bahnen zu lenken oder an anderer Stelle auszuleben. Manche Menschen reagieren auch mit Rückzug oder sie fressen ihren Kummer in sich hinein.

Vielleicht hat Timm noch nicht oder noch nicht in ausreichendem Maße gelernt, mit seinen Gefühlen umzugehen. Vielleicht hatte er bisher keine Möglichkeiten,

seine aufgestauten Energien und auch seinen Ärger an anderer Stelle zu entladen, vielleicht hat er auch nie gelernt, Konflikte angemessen zu lösen. Möglicherweise konnte er sich auch nur nie in ausreichendem Maße austoben und seine Stärken und Schwächen nicht kennen lernen. Es könnte auch sein, dass es ihm an Selbstwertgefühl mangelt. Wer sich selbst nicht gut leiden kann, mag auch andere Menschen nicht. Es ist auch möglich, dass Timm bisher in der Kindertagesstätte oder von seinen Eltern überfordert wurde. Das ist bei Jungen nicht selten. Ihnen wird immer noch vermittelt, dass sie stark sein müssen und keine Gefühle zeigen dürfen. Der Vater hat häufig wenig Zeit, die Medienvorbilder gaukeln ein falsches, weil aggressives Bild vom Mann/Jungen vor. Auch Erzieherinnen neigen dazu, die „Manns-Bilder" (so der Titel einer Studie der Fachhochschule Wolfsburg über die Weichenstellung in der Erziehung bei kleinen Jungen) zu überfordern. Die Folge sind Schwächen und Unsicherheiten, die nicht gezeigt werden dürfen und sich deswegen nicht selten in Aggressionen äußern. Fehlende Stärke wird durch Anwendung von körperlicher Gewalt, Benutzung von (Spielzeug-)Waffen und durch das Spiel mit Monstern, Soldaten und Horrorfiguren kompensiert.

Vielleicht hat Timm aber auch nie gelernt, dass es Grenzen für sein Verhalten gibt. Er muss sicher noch lernen, dass nicht jeder Wunsch von ihm sofort erfüllt werden kann.

Ein weiterer Grund für aggressives Verhalten kann Bewegungsmangel sein. Unsere Kinder wachsen heute in einer Welt auf, die weder dazu geeignet ist, Abenteuer zu erleben, noch dazu, sich ausreichend zu bewegen. Der Wunsch nach Bewegung und die Lust auf Abenteuer sind aber Grundbedürfnisse unserer Kinder. Wenn sie im Elternhaus schon bis zu vier Stunden täglich vor dem Fernseher, dem Nintendo oder dem PC hocken, ist es wichtig, etwas zu tun, um ihr Bewegungsdefizit auszugleichen und ihre Lust auf Abenteuer zu befriedigen.

Was ist zu tun?

Sie können dafür sorgen, dass den Kindern viel Raum für Bewegung geboten wird und Sie können ein attraktives, bewegungs- und erlebnisreiches Spielangebot präsentieren, um den Bewegungsmangel auszugleichen. Kinder müssen aber auch lernen, mit Absagen und Enttäuschungen umzugehen. Auch das ist im Rahmen eines Spielprogramms möglich. Sie lernen im Spiel das Verlieren, ohne in Wut zu geraten, sie können es üben, über Gefühle zu sprechen, und erfahren, dass sie Gefühle auch zeigen und bei anderen sehen und akzeptieren können.

Dieses Buch bietet Ihnen eine Vielfalt an Spielanregungen, mit denen Sie dem aggressiven Verhalten Ihrer Kinder etwas entgegensetzen können.

Wut-weg-Spiele für den Gruppenraum
Vorbeugen ist besser als therapieren

Softballkampf

Alle spielen mit
Für alle Altersgruppen
geeignet
Material:
2 Softbälle pro Kind
Spieldauer:
ca. 10–15 Minuten

So richtig austoben können sich die Kinder bei einer freien Tanzimprovisation. Wählen Sie dazu eine CD mit lebhafter Musik aus. Es kann eine Kinder-CD, eine klassische CD oder Percussionmusik sein. Wenn Sie zu tanzen beginnen, werden die Kinder sich schnell anschließen.

Dieses Spiel wird in einem großen Raum gespielt. Die Kinder stehen weit auseinander im Kreis. Jedes Kind bekommt zwei Softbälle, die es auf ein Startzeichen hin in die Kreismitte wirft. In der Kreismitte laufen die Kinder dann zu den Bällen, schnappen sich zwei und werfen damit ein oder zwei Kinder ab. Wer getroffen wurde, kniet sich nieder. Erreicht das kniende Kind einen Softball, wird es erlöst und kann weiterspielen und mit seinem Ball andere Kinder abwerfen.

Überlegen Sie mit den Kindern gemeinsam, ob und welche Erlösungsmöglichkeiten es geben könnte.

Spiele rund um den Ball sind bei Kindern sehr beliebt, bringen sie so richtig in Bewegung und bieten ihnen die Möglichkeit, sich abzureagieren. Die Kinder sind an der Spielgestaltung beteiligt. Das Spiel kann immer wieder neu variiert werden. Schon das Knüllen des Zeitungspapiers kann dazu beitragen, Aggressionen und Frustrationen abzubauen.

Wut-weg-Tanz

Alle spielen mit
Material: CD mit lebhafter
Musik, CD-Spieler
Spieldauer: 8–15 Minuten

Zeitungsballschlacht

Alle spielen mit
Für alle Altersgruppen geeignet
Material: jede Menge Zeitungspapier
Spieldauer: ca. 3–5 Minuten

Sie bereiten das Spiel vor, indem Sie viel Zeitungspapier sammeln. Es wird von den Kindern zu Bällen geknüllt. Am besten ist es, wenn jedes Kind einen großen Vorrat an Zeitungsbällen hat. Wenn Sie das Zeichen geben, dürfen die Kinder sich gegenseitig so lange mit Zeitungsbällen bewerfen, bis Sie das Spiel beenden. Das sollte nach etwa drei Minuten der Fall sein. Da das Spiel sehr wild und laut ist, empfiehlt es sich, eine Trillerpfeife zu benutzen.

Wuteimer

Alle spielen mit. Es werden Paare gebildet.
Für alle Altersgruppen geeignet
Material: Jedes Kind benötigt einen Plastikeimer, Seile, Stöcke, Kochlöffel
Spieldauer: ca. 15 Minuten

Besorgen Sie für jedes Kind einen relativ großen Plastikeimer. Mit einem solchen Eimer können Sie viel anfangen. Zunächst einmal können die Kinder ihn als Trommel benutzen. Mit Händen, Stöcken oder Kochlöffeln kann man tüchtig darauf einschlagen.

• Eine andere Möglichkeit besteht darin, dass sich zwei Kinder gegenüber auf ihre Eimer stellen. Sie halten dabei jeder an einem Ende ein Seil fest und ziehen nun kräftig. Es geht darum, sich gegenseitig mit Hilfe des Seiles vom Eimer zu ziehen.

• Der Eimer kann aber auch als Brülleimer benutzt werden. Man kann seinen Kopf in den Eimer stecken und brüllen, so laut man kann.

Kinder brauchen Spiele, bei denen sie sich abreagieren können. Insbesondere der Wuteimer eignet sich besonders, um aufgestauten Aggressionen freien Lauf zu lassen und Wut zu kanalisieren.

Luftballonspiele

Alle spielen mit
Für alle Altersgruppen geeignet
Material: viele, viele Luftballons
Spieldauer: ca. 15 Minuten

Besorgen Sie möglichst viele Luftballons, mindestens aber für jedes Kind einen. Die Luftballons werden aufgeblasen und zugeknotet. Dann beginnt das Spiel. Zunächst experimentieren die Kinder selbständig. Später können Sie Impulse geben:

• Der Luftballon wird angetippt und in der Luft gehalten. Jedes Kind versucht, seinen eigenen Ballon in der Luft zu halten.
• Alle Luftballons wirbeln durcheinander. Kein Luftballon darf den Boden berühren, darauf müssen alle Kinder achten.
• Zwei Kinder stellen sich gegenüber und stoßen einen Luftballon hin und her.
• Sie tun das Gleiche mit zwei Luftballons.
• Die Luftballons werden mit verschiedenen Körperteilen bewegt: mit den Fingerspitzen, den Knien, den Füßen, dem Po.

Bitten Sie nun die Kinder, sich weitere Luftballonspiele auszudenken.

Putzlappenspiele

Alle spielen mit
Für alle Altersgruppen geeignet
Material: Jedes Kind benötigt einen großen festen Putzlappen/Feudel.
Spieldauer: ca. 15 Minuten

Die Kinder probieren aus, was sie mit dem Putzlappen alles anfangen können: ihn um den Kopf binden, ihn in die Luft werfen und wieder auffangen, sich draufsetzen und damit durch den Raum rutschen, ein anderes Kind auf den Lappen setzen und ziehen, damit Fußball spielen ...

Bieten Sie nun ein Gruppenspiel an:
Die Kinder bilden zwei Gruppen, die sich im Gruppenraum gegenübersitzen. Die Mitglieder einer jeweiligen Gruppe sitzen nebeneinander, jedes Kind auf einem eigenen Putzlappen. Dabei guckt ein Putzlappenzipfel zwischen den Beinen hervor und wird mit beiden Händen festgehalten. Auf Ihr Startzeichen hin rutschen beide Gruppen auf ihrem Putzlappen auf die andere Seite. In der Raummitte, wenn sie sich begegnen, dürfen die Kinder sich nicht berühren.
Welche Gruppe hat zuerst das Ziel erreicht?

Spiele, bei denen ein bestimmtes Material im Vordergrund steht, brauchen häufig keine Anleitung. Ob es Putzlappen, Luftballons, Bettlaken oder Bierdeckel sind, die Kinder entwickeln ihre eigenen Regeln, entdecken immer neue Spielvariationen und können sich so ausgelassen und ohne Einmischung Erwachsener beschäftigen. Selbst entwickelte Regeln bieten nicht nur eine große Herausforderung für die Kinder, sie befolgen sie auch lieber. Geben Sie nur Impulse, falls es notwendig ist, besser wäre es, Sie hielten sich mit Vorgaben möglichst zurück.

Spot-in-the-Movement-Spiele
Alle spielen mit
Für alle Altersgruppen geeignet
Material: CD-Spieler, lebhafte Musik
Spieldauer: bis zu 15 Minuten

Die Kinder laufen frei im Raum herum. Sie haben eine CD aufgelegt und geben nun spontane Anweisungen und sagen ihnen, was sie für einen kurzen Moment tun sollen:

- geht ganz gemütlich spazieren,
- begrüßt alle Menschen, die euch begegnen, so wie ihr es gerne mögt (Hände schütteln, Küsschen geben, auf die Schulter klopfen ...),
- ihr seid spät dran, müsst laufen, weil sonst die Kindergartentür abgesperrt ist und ihr nicht mehr reinkommt,
- ihr seid uralt und nicht mehr so gut zu Fuß,
- ihr müsst etwas ganz Schweres tragen,
- ihr hinkt alle auf einem Bein,
- ihr wollt nicht gesehen werden und schleicht euch ganz vorsichtig durch den Raum,
- ihr müsst über große Pfützen springen,
- ihr kämpft euch durch einen tiefen Urwald,
- ihr werdet alle zu Flugzeugen,
- ihr zieht einen Hund hinter euch her, der nicht so recht mitwill,
- eure Füße bleiben auf dem klebrigen Straßenteer hängen.

13

Po an Po

Alle spielen mit
Ohne Altersbegrenzung
Spieldauer: ca. 10 Minuten

Alle Kinder laufen frei im Raum herum. Sie stehen am Spielfeldrand und geben Anweisungen, die von den Kindern zu befolgen sind, zum Beispiel rufen Sie: „Po an Po!" Nun müssen sich zwei Kinder zusammentun und sich mit dem Po berühren. Dann geht es weiter. Nun rufen Sie vielleicht: „Knie an Knie" oder „Wange an Wange". Sie können aber auch „Knie an Wange" rufen.

Die Spielleitung kann später auch von den Kindern übernommen werden. Kinder sind dabei häufig viel fantasievoller als wir Erwachsenen. Es stärkt auch das Selbstbewusstsein der Kinder, wenn sie ihre eigenen Ideen einbringen können. Auch diese Spiele halten die Kinder in Atem und spornen ihre Fantasie an. Tobespiele machen den Kindern einfach Spaß. Da alle Kinder gleichzeitig aktiv sind, werden auch zurückhaltende Kinder ermutigt, sich in positiver Weise hervorzutun.

Haben Sie keine Angst davor, dass die Stimmung umkippen könnte. Kinder müssen erst üben, mit ihren Kräften vernünftig umzugehen. Sie tun anderen Kindern nicht absichtlich weh. Besprechen Sie mit den Kindern, wie sich das „Ausrasten" bei wilden Spielen vermeiden lässt.

Heulbojen

Alle spielen mit
Alter: ca. ab 5 Jahre
Spieldauer: ca. 10 Minuten

Alle Kinder stehen gut verteilt als Heulbojen im Raum. Ein mutiges Kind übernimmt die Rolle des Schiffes, das durch das Meer fährt. Da es Nacht ist, hält das Kind die Augen geschlossen. Nun soll es von einem Raumende zum anderen fahren, dabei darf es die Heulbojen nicht rammen. Sobald es in die Nähe einer Boje kommt, beginnt diese aufzuheulen. Nach einer Weile darf ein weiteres Kind die Rolle des Schiffes übernehmen. Wenn die Kinder es sich zutrauen, können auch zwei Schiffe auf die Reise geschickt werden.

Beim Heulbojenspiel beweisen die Kinder viel Mut, denn es ist sehr schwer, sich mit geschlossenen Augen im Raum zu orientieren.

Gleichzeitig erfährt das Kind in der Mitte aber auch, dass die anderen Verantwortung übernehmen, es kann also gar nichts passieren.

Sie sollten ein Kind trotzdem auf keinen Fall überreden, in die Kreismitte zu gehen, wenn es das nicht von alleine möchte.

Monster wecken

Alle spielen mit
Alter: ab 4 Jahre
Spieldauer: ca. 10 Minuten

Ein Teil der Kinder darf Monster spielen. Die Monster stehen schlafend im Raum. Sie schlafen mit offenen Augen, sind aber völlig bewegungslos, zucken nicht einmal. Sie bekommen alles, was die Kinder tun, ganz genau mit. Die Kinder sind ganz mutig, sie wollen die Monster wecken. Das versuchen sie, indem sie allerlei Schabernack treiben. Sie schneiden Grimassen und machen Drohgebärden. Obwohl es ganz gefährlich ist, berühren die ganz mutigen Kinder ein paar Monster. Die beginnen sofort fürchterlich zu schreien, zu fluchen und zu toben. Sie rennen hinter den Kindern her und bedrohen sie. Dem Spuk kann aber sofort ein Ende bereitet werden. Mindestens zwei Kinder müssen auf einen Hochsitz klettern (ein Tisch oder Stuhl) und ganz laut „Ruhe, ihr Monster!" rufen. Dann schlafen die Monster sofort wieder ein. Das Monsterspiel ist ein bisschen mit Nervenkitzel verbunden. Das Spiel bietet genau das richtige Maß an Herzklopfen und ist auch geeignet, Mut zu beweisen.

Ebbe und Flut

Alle spielen mit
Für alle Altersgruppen geeignet
Spieldauer: ca. 10 Minuten

Die Kinder sind zunächst im Raum verteilt. Sie erzählen eine Geschichte, die von den Kindern pantomimisch begleitet wird. Kommt in der Geschichte das Wort „Ebbe" vor, müssen sich alle Kinder ganz schnell auf den Boden setzen. Kommt das Wort „Flut" vor, flüchten sie auf einen Stuhl, auf einen Tisch, auf eine Bank. Wer zuletzt reagiert, erzählt die Geschichte weiter. Der Beginn der Geschichte könnte so aussehen: Wir werden uns jetzt auf einen Ausflug an den Strand begeben. Wir gehen zu zweit, Hand in Hand (jetzt müssen die Kinder sich zu Paaren finden und anfassen) an den Strand. Die Kinder sind so begeistert von dem großen Sandstrand, dass sie sich gegenseitig mit Sand bewerfen (Kinder deuten pantomimisch das Sandwerfen an). Nun kratzt, kribbelt und juckt es überall. Sie helfen sich gegenseitig, den Sand wieder abzuklopfen. Plötzlich schreit die Erzieherin: „Achtung, die Flut kommt!"

Handpuppenspiel

1 oder 2 Kinder oder ein Kind und ein Erwachsener
Für alle Altersgruppen geeignet
Material: Handpuppen
Spieldauer: nach Bedarf

Sie nehmen zwei Handpuppen und beginnen ein Spiel. Wenn es zwischen den beiden Handpuppen zum Konflikt kommt, brechen Sie das Spiel ab und bitten die Kinder, weiterzuspielen. Lassen Sie die Kinder immer mehrere Lösungsmöglichkeiten aufzeigen, damit sie erkennen, dass es immer verschiedene Lösungen für ein Problem gibt.
Beispiel: Hanna baut einen Turm. Timo will mitspielen und fängt einen Streit an.
Lösungen: Sie beschließen den Turm gemeinsam weiterzubauen. Sie räumen auf und wählen ein anderes Spiel, das zu zweit auch Spaß macht. Timo bekommt die Bauklötze von Hanna nach 10 Minuten. Die beiden rufen die Erzieherin, die den Streit schlichtet.
Besprechen Sie, welche Lösung die vernünftigste zu sein scheint.

Bierdeckelspiele

Alle spielen mit
Für alle Altersgruppen geeignet
Material: ganz viele Bierdeckel,
kleine Plastikeimer oder Papierkörbe
Spieldauer: 30 Minuten

Jedes Kind erhält mindestens 10 Bierdeckel.
- Die Kinder denken sich selbst Bierdeckelspiele aus.
- Sie stehen im Kreis und werfen alle ihre Bierdeckel in die Kreismitte, um dann alle schnell in die Mitte zu rennen und sich so viele Bierdeckel zu schnappen, wie sie können.
- Die Bierdeckel werden einfach nur in die Luft geworfen.
- Es werden kleine Eimer aufgestellt und die Bierdeckel hineingeworfen.
- Ein Bierdeckel wird in die Luft geworfen, das Kind dreht sich einmal um die eigene Achse und fängt den Bierdeckel wieder auf.

Kissenschlacht

Alle spielen mit
Alter: ab 4 Jahre
Material: jede Menge Kissen und Softbälle
Spieldauer: 5 Minuten

Alle Kinder versorgen sich ausreichend mit Munition (Kissen, Softbälle und andere weiche Wurfgeschosse), damit dürfen sie sich gegenseitig bewerfen. Nach 5 Minuten erklingt ein Gong und der Spuk wird beendet.

Rodeo

Alle spielen mit. Es werden Paare gebildet.
Alter: ca. ab 4 Jahre
Material: für jedes Paar eine Matte
Spieldauer: ca. 5 Minuten

Zwei Kinder knien nebeneinander auf einer Matte, um einen wilden Stier zu spielen. Ein Kind setzt sich als Reiter auf den Stier und versucht, trotz wilder Bewegungen sitzen zu bleiben und nicht herunterzufallen. Der wilde Stier bewegt sich nämlich heftig und versucht, den Reiter abzuschütteln. Wer runterfällt, übernimmt die Rolle des Stiers. So können sich Stier und Reiter so richtig austoben.

Kissenschlachten sind für Kinder ein wichtiges Ventil, um Aggressionen ausleben zu können. Deswegen sollten Sie Raum für solche Aktionen schaffen. Dafür sollten Sie in Ihrer Einrichtung einen Toberaum oder eine Tobeecke haben, in der die Kinder ohne Verletzungsgefahr toben können. Sie werden sehen, Sie haben es anschließend mit total entspannten Kindern zu tun.

Wut-weg-Spiele im Freien
Wenn es in der Gruppe brodelt

Das Fast-food-Spiel
Alle spielen mit
Für alle Altersgruppen geeignet
Spieldauer: ca. 5–10 Minuten

Dieses Spiel sollte am besten auf einem Rasenplatz gespielt werden. Grenzen Sie auf diesem Rasenplatz ein Spielfeld ein.

Die Spielleiterin erklärt den Kindern zunächst mehrere Kommandos, die die Kinder bei diesem Spiel auf Zuruf ausführen sollen:

- Hamburger = zwei Kinder legen sich aufeinander,
- Pommes frites = alle Kinder stehen ganz dicht aneinander gedrängt in der Spielfeldmitte,
- Big mac = drei Kinder liegen aufeinander,
- Popcorn = die Kinder beginnen alle wild im Spielfeld herumzuhüpfen.

Nun beginnt das Spiel. Die Kinder bewegen sich alle frei im Raum. Sie geben, verbunden mit einem Gongzeichen, ein Kommando, das von den Kindern ausgeführt wird. Ein ausgeglichenes, sportlich bewegtes Kind entwickelt weniger Aggressionen als ein Kind, das unter Bewegungsmangel leidet. Das Fast-food-Spiel wird auch von den Bewegungsmuffeln unter den Kindern gerne gespielt, weil es modern und witzig ist.

Besprechen Sie mit den Kindern, dass man auch bei wilden Spielen achtsam mit den anderen Kindern umgehen sollte. Eine klare Absprache über Spielregeln ist unabdingbar. Insbesondere mit kleineren und schwächeren Kindern sollte rücksichtsvoll umgegangen werden.
Das Spiel Fast-food fördert auch das Gemeinschaftsgefühl, denn das Spiel funktioniert nur, wenn die Kinder sich gegenseitig unterstützen.

Umarmungsticker
Alle spielen mit
Ohne Altersbegrenzung
Spieldauer: ca. 10 Minuten

Alle Kinder laufen frei im abgegrenzten Gelände herum. Ein Kind spielt den Fänger oder Ticker. Das „getickte" Kind erstarrt in seiner Bewegung. Es wird erst erlöst, wenn es einem anderen Kind gelingt, dieses Kind zu umarmen.
Das Spielende sollte spätestens nach 10 Minuten, wenn die Kinder zwar erschöpft sind, aber das Spiel noch Spaß macht, von Ihnen abgeläutet werden.

Boffern

Alle spielen mit
Alter: ab etwa 5 Jahre
Material: Schaumstoffrollen
Spieldauer: ca. 5 Minuten

Jedes Kind bekommt eine Schaum-
stoffrolle, so wie wir sie aus dem
Schwimmbecken kennen.
Sie sind armdick und etwa
einen Meter lang. Mit diesen
„Boffern" dürfen sich die
Kinder in einem abgegrenzten Spielfeld gegenseitig
jagen und schlagen.
Wer von einem Boffer berührt wurde, legt den eigenen
Boffer ab, bleibt stehen und spreizt die Beine. Er kann
erlöst werden, wenn es einem anderen Kind gelingt,
durch die gespreizten Beine zu kriechen, ohne vorher
„geboffert" zu werden.

Diese temporeichen Spiele fördern einerseits den Wettkampf, andererseits fordern sie auch zur Solidarität auf. Es ist
erwünscht, anderen Kindern zu helfen. Da
Kinder im wirklichen Leben mehr Konkurrenz
erleben, als für sie gut ist, sollten Sie darauf
achten, immer wieder Spiele anzubieten, bei
denen gegenseitige Hilfe gefordert ist.

Tickerspiele erfreuen sich schon seit
Generationen großer Beliebtheit.
Sie sind schnell, fordern auch taktisches
Geschick heraus und tragen dazu bei, Aggressionen abzubauen, weil die Kinder sich
total verausgaben können. Außerdem bieten
sie ein Ventil, um aufgestaute Wut zu entladen. Beim Umarmungsticker werden außerdem Berührungsängste abgebaut und der
Zusammenhalt der Kinder gefördert. Kinder
erfahren im Spiel Hilfsbereitschaft und lernen: Man kann in einer Situation Konkurrent
und wenig später Freund und Helfer sein.

Einer zu viel

Alle spielen mit
Alter: etwa ab 4–5 Jahre
Spieldauer: ca. 5–10 Minuten

Alle Spieler stehen paarweise hintereinander im Kreis.
Das Gesicht ist in die Kreismitte gerichtet. Zwei Kinder
beginnen nun im Kreis mit einer Verfolgungsjagd, ein
Kind muss das andere fangen. Stellt sich das gejagte
Kind vor ein Paar, rennt das hintere Kind los, um sich vor
dem Verfolger zu retten. Beide Kinder laufen immer um
den Kreis herum. Sie können das Spiel auch noch
erschweren, indem Sie es um folgende Regeln erweitern:
- Ruft jemand „Wechsel", vertauschen die Paare ihre
  Position, wer zunächst vorne gestanden hat, steht
  nun hinten.
- Der Fänger kann sich austauschen lassen, indem er
  sich vor ein Paar stellt.

Das besondere Tickerspiel

Alle spielen mit
Ohne Altersbegrenzung
Spieldauer: ca. 10 Minuten

Zwei Kinder spielen Fänger und haben die Aufgabe, möglichst viele andere Kinder zu „ticken". Das Besondere an diesem Tickerspiel ist, dass die getickten Kinder ihre Hand dort hinlegen müssen, wo sie vom Fänger berührt worden sind. Das schränkt ihre Bewegungsfreiheit ein und gibt dem Spiel eine witzige Note.

Nonsens Olympiade

Alle spielen mit
Ohne Altersbegrenzung
Material: Seile, Kirschkerne, Gummistiefel, Teebeutel, Regenschirme, Schubkarren, Bänder

Das Reizvolle an der Nonsens-Olympiade besteht darin, dass die Wettbewerbe aus lustigen Tätigkeiten, die von Kindern gerne ausgeführt werden, bestehen. Sie können das Spiel wie eine richtige Olympiade oder ein Sportfest an einer Schule gestalten. Jedes Kind hat einen Laufzettel, mit dem es von Wettbewerbsstand zu Wettbewerbsstand geht, um dort folgende „Sportarten" auszuführen:

- Kirschkernweitspucken: Ziehen Sie eine Markierungslinie. Jedes Kind erhält 3 Kirschkerne, einer davon sollte die Markierungslinie treffen.
- Gummistiefelweitwurf: Wer wirft am weitesten?
- Teebeutelwerfen: Es geht darum, den Teebeutel möglichst weit zu werfen.
- Rückwärtslaufen: 2–3 Kinder laufen um die Wette rückwärts. Sie orientieren sich dabei grob an einer von Ihnen markierten Linie.

- Gummistiefelwettlauf: 2–4 Kinder laufen nebeneinander um die Wette. Sie tragen dabei übergroße Gummistiefel (von den Eltern).
- Schubkarrenrennen: Paare treten gegeneinander an. Ein Kind sitzt in der Schubkarre, eines steuert mit der Schubkarre auf einen Zielpunkt zu. Sie können auch Hindernisse aufbauen.
- Vierfüßlerlauf: Mehrere Kinder treten zum Wettlauf gegeneinander an. Sie laufen dabei auf Händen und Füßen.
- Softballwerfen in geöffnete Regenschirme, die verkehrt herum in einem Baum hängen. Die Kinder können einzeln oder zu zweit antreten. Die Leistung kann in einen Laufzettel eingetragen werden oder Sie bestätigen mit einem Stempel einfach nur die Teilnahme der Kinder.

Bei diesen olympiareifen „Olympiaden" erfahren die Kinder etwas über ihre sportliche Leistungsfähigkeit. Sie lernen Grenzen kennen und entwickeln vielleicht auch Mut und Ehrgeiz. Auch neue Fähigkeiten, die vielleicht bisher verborgen waren, tauchen im Spiel manchmal auf. Das erleichtert die Selbsteinschätzung und hilft dabei, den Selbstwert zu erkennen. Wer seinen Selbstwert kennt, muss nicht mehr ständig mit anderen konkurrieren. Dass die Spiele ziemlich lustig sind, erleichtert das Verlieren. Bauen Sie die Olympiade auf jeden Fall so auf, dass jedes Kind ein Erfolgserlebnis haben kann.

Das Sachensucherspiel knüpft an die Sammelleidenschaft der Kinder an. Welches Kind wollte nicht schon lange einmal auf den Spuren Pippi Langstrumpfs wandeln? Ein besonders wichtiger Aspekt dieses Interaktionsspiels ist es aber, dass die Kinder miteinander sprechen und sich einigen müssen. Auch die Ausstellung (Vernissage) der Fundstücke erfordert ein hohes Maß an Zusammenarbeit und setzt einen gelungenen Einigungsprozess voraus.

Sachensucherspiel

Alle spielen mit
Ohne Altersbegrenzung
Material für die Ausstellung: bunte Tücher, Bänder, Blätter, verschiedene Papiere
Spieldauer: ca. 30 Minuten

Die Kinder spielen in Kleingruppen, bestehend aus etwa vier Kindern. Diese vier Kinder betätigen sich als Sachensucher. Ihre Aufgabe ist es, verschiedene Dinge aufzutreiben und auszustellen, z. B. etwas Knallrotes, Glitzerndes, Stacheliges, Komisches.
Die Fundstücke der Kinder werden natürlich in gebührender Weise präsentiert. Die Gruppen bekommen einen Ausstellungstisch und die Möglichkeit, mit Bändern, Tüchern, Blumenschmuck und Papieren einen geeigneten Ausstellungsrahmen zu schaffen. Die Ausstellung wird gemeinsam besichtigt. Die Gruppen stellen ihre Fundstücke vor.

Kisten stapeln

Alle spielen in zwei Gruppen mit
Ohne Altersbegrenzung
Material: viele unterschiedliche, stabile Pappkartons
Spieldauer: ca. 30 Minuten

Die Kinder bilden zwei Gruppen. Jede Gruppe erhält die gleiche Anzahl gleich großer Pappkartons. Mit diesen Kartons wird um die Wette eine möglichst hohe, stabile Mauer oder ein Turm aufgebaut.

Wo spielt die Musik?

Alle spielen in zwei Gruppen mit
Ohne Altersbegrenzung
Material: für die Hälfte der Kinder Geräuschinstrumente wie Rasseln, Triangel, Bongo ...
Spieldauer: ca. 30 Minuten

Die Kinder spielen in zwei Gruppen im Außengelände, das sich gut zum Versteckspielen eignet. Die Hälfte der Kinder versteckt sich mit ihren Instrumenten. Dafür erhalten sie etwa 5 Minuten Vorsprung. Im Versteck sollen sie immer mal wieder ihr Instrument zum Klingen bringen. Der andere Teil der Gruppe muss gut die Ohren spitzen, um die Musiker zu finden. Wer einen Musiker gefunden hat, ruft den Namen laut. Sind alle gefunden, werden die Rollen getauscht.

Weiße Socken in die Mitte

Alle spielen mit
Ohne Altersbegrenzung
Spieldauer: ca. 10 Minuten

Alle stehen im Kreis, die Spielleiterin steht in der Mitte. Sie ruft Kinder mit immer den gleichen Merkmalen zu sich:

- Alle Kinder mit weißen Socken kommen zu mir,
- alle Kinder mit blonden Haaren kommen zu mir,
- die Kinder mit Schuhen ohne Schnürsenkel,
- Kinder, die im Mai Geburtstag haben,
- die zwei Geschwister haben,
- die noch nie Windpocken gehabt haben,
- die keinen Spinat mögen,
- die gerne Schokolade essen,
- die ein Haustier haben.

Variante: Die Kinder finden sich in kleinen Gruppen zusammen. Zum Beispiel:

- alle Kinder, die im gleichen Monat Geburtstag haben,
- alle, die die gleiche Anzahl Geschwister haben,
- alle, die gleich groß sind,
- alle mit der gleichen Schuhgröße,
- alle mit der gleichen Haarfarbe.

Pfeifentanz

Alle spielen mit
Alter: ab 6 Jahre
Spieldauer: ca. 10 Minuten

Alle Kinder stehen eng beieinander in der Mitte eines abgegrenzten Spielfeldes. Ein Kind bekommt eine Trillerpfeife. Solange das Pfeifgeräusch ertönt, müssen alle Kinder in Bewegung sein und zum Spielfeldrand laufen. Ist kein Pfeifton mehr zu hören, drehen die Kinder um und rennen wieder zur Spielfeldmitte. Das Kind mit der Pfeife in der Spielfeldmitte dirigiert so die anderen Kin-der. Es versucht mit Einsatz des Pfeiftons zu verhindern, dass ein Kind den Spielfeldrand erreicht. Erreicht trotzdem jemand den Spielfeldrand, darf es die Pfeife übernehmen und das Spiel dirigieren.

Ihre Aufgabe besteht darin, das Spiel gut zu erklären. Besonders das Pfeifenspiel ist nicht ganz einfach, deswegen für die Kinder aber eine besondere Herausforderung. Die Rolle des Pfeifers ist eine herausgehobene Rolle.

Sie sollten deswegen mehreren Kindern die Möglichkeit geben, einmal die Rolle des Pfeifers zu übernehmen. Besonders zurückhaltende Kinder können bei diesem Spiel eine führende Rolle übernehmen und sich einmal in den Vordergrund stellen, während die anderen Kinder sich dirigieren und stoppen lassen müssen.

Wut-Ball

Alle spielen mit
Alter: ab 4 Jahre
Material: ein Softball
Spieldauer: ca. 10 Minuten

Alle Kinder stehen im Kreis. Das Kind, das den Softball in der Hand hält, formuliert einen Satz, der etwas mit Wut zu tun hat: „Ich bin wütend, wenn ...", dann wirft es den Ball einem anderen Kind zu. Dieses Kind sagt dann vielleicht: „Wenn ich wütend bin, dann ..."
Zunächst werden Sie den Kindern bei diesem Spiel etwas helfen müssen.

Pass auf den Ball auf!

Alle spielen mit
Alter: ab 4 Jahre
Material: Softbälle
Spieldauer: 5 Minuten

Alle Kinder stehen im Kreis. In der Mitte des Kreises liegen 1–3 Softbälle. Die Bälle werden schnell kreuz und quer durch den Kreis geschossen. Dabei müssen die Kinder gut aufpassen, dass kein Ball außerhalb des Kreises gelangt. Verlässt ein Ball doch den Kreis, bekommt das Kind, das nicht gut genug aufgepasst hat, einen Cremepunkt ins Gesicht. Wer hat nach 5 Minuten keinen Cremepunkt im Gesicht?

Seilspringen ohne Seil

Alle spielen mit
Für alle Altersgruppen geeignet
Spieldauer: ca. 15 Minuten

Alle Kinder erhalten ein imaginäres Springseil. Mit diesem Seil wird nun experimentiert. Zunächst beginnen Sie Kunststücke vorzuführen, die von den Kindern nachgeahmt werden: Sie zeigen das klassische Seilspringen,

überkreuzen die Arme beim Sprung, falten das Seil zusammen und nehmen es in eine Hand, Sie lassen die Kinder gemeinsam über das gedachte Seil hüpfen, das Sie kreisen lassen.

Nun denken sich die Kinder Variationen für das unsichtbare Seil aus.

Zwietschi suchen

(die Suche nach einem imaginärem Ding)
Alle spielen mit
Für alle Altersgruppen geeignet
Spieldauer: ca. 10 Minuten

Laden Sie die Kinder ein, mit Ihnen Zwietschi zu suchen. Sie erzählen nicht, wer Zwietschi ist, sondern beginnen einfach mit der Suche, die Kinder werden Ihnen folgen. Wandern Sie durch die Räume und in den Garten. Heben Sie Steine und Turnmatten auf und fragen Sie zwischendurch Kolleginnen: „Hast du Zwietschi gesehen?" Aber niemand hat Zwietschi gesehen, niemand weiß, wie Zwietschi aussieht. Die Suche muss also weitergehen. Vielleicht hat sich Zwietschi im Geräteschuppen versteckt oder in der Sandkiste? Zwietschi könnte auch hinter einem Busch stecken. „Seid mal ganz mucksmäuschenstill, könnt ihr Zwietschi vielleicht hören?"
Spinnen Sie die Geschichte noch ein wenig aus und lassen Sie sich dabei von den Kindern helfen. Die werden schnell merken, dass es sich um eine „Spinngeschichte" handelt und werden das Spiel mit Begeisterung mitspielen.

Wut-weg-Spiele für das einzelne Kind

Wenn ein Kind in Zorn gerät – erste Hilfe für wütende Kinder

Der Prügelsack

1–2 Kinder

Für alle Altersgruppen geeignet

Material: ein Sack, ein Band, viel Schaumstoff

Spieldauer: entscheiden die Kinder

Stellen Sie mit den Kindern gemeinsam einen Prügelsack her. Sie füllen einen Sack mit viel Schaumstoff oder Stoffresten, binden den Sack fest zu und hängen ihn an einen Haken in einem Raum oder draußen an einen Baum. Der Sack kann nach Herzenslust geprügelt werden. Dabei sollten die Kinder tüchtig schreien, so wie es auch die asiatischen Kampfsportler machen. Der Sack sollte relativ schwer sein, damit er Widerstand bietet. Auf ihn kann eingeschlagen werden, bis die Wut verraucht ist.

Wut-Weg-Schreien

1 oder 2 Kinder oder ein Kind und ein Erwachsener

Für alle Altersgruppen geeignet

Spieldauer: nach Bedarf

Packt eines der Kinder die große Wut, kann es versuchen, seine Wut herauszuschreien. Sind mehrere Kinder gleichzeitig wütend, gehen sie gemeinsam mit der Pädagogin ins Freie oder an einen ungestörten Ort und schreien gemeinsam ihre Wut heraus. Sie dürfen dabei schimpfen, alles sagen, was man sonst vielleicht nicht sagen darf, und auch Schimpfwörter benutzen. Sie dürfen so laut werden, wie sie nur wollen, bis die Wut weggeschrien ist.

Manchmal werden die Kinder zu richtigen kleinen Wutmonstern. In solchen Fällen ist Reden häufig völlig sinnlos. Die Kinder brauchen ein Ventil, damit sie sich wieder beruhigen können. Das ist völlig normal, sie müssen ja erst lernen, mit ihren Gefühlen umzugehen. Zornausbrüche können wie ein reinigendes Gewitter wirken. Wenn Sie den Kindern die Möglichkeit zum Schreien, Toben, Boxen, fairen Streiten bieten, ermöglichen Sie den Abbau von Spannung und helfen den Kindern, wieder klar zu sehen.

Noppen killen

Alle Kinder können mitmachen,
für einzelne Kinder geeignet
Für alle Altersgruppen geeignet
Material: viel Verpackungsmaterial, vor allen
Dingen Noppenplastikverpackungsmaterial
Spieldauer: etwa 5 Minuten

Sammeln Sie möglichst viel unterschiedliche Verpackungsmaterialien. Ein wütendes Kind kann sich mit diesem Material zurückziehen und es genüsslich zerreißen, zertreten oder zerdrücken, es zerknüllen und damit herumwerfen.

Ballons treten

1 Kind
Für alle Altersgruppen geeignet
Material: 1 Luftballon

Das wütende Kind bekommt einen aufgeblasenen, zugeknoteten Luftballon und die Aufgabe, den Ballon zu zertreten. Das ist nicht ganz einfach, es erfordert Geschick und Energie.

Auf diese Art und Weise können sich die Kinder abreagieren. Sie lassen ihre Wut nicht an anderen Menschen, sondern an kostenlosen Sachen aus.
Zerstörungswut wird in diesem Rahmen respektiert, weil sie einen friedlichen Neuanfang ermöglicht.

Grimassen schneiden

1 Kind
Für alle Altersgruppen geeignet
Material: ein Spiegel
Spieldauer: vom Kind abhängig

Ein oder mehrere Spiegel gehören in jede Kindertagesstätte. Das wütende Kind kann sich vor den Spiegel stellen und die wildesten Grimassen schneiden. Wahrscheinlich wird es dann ziemlich bald lachen.

Schimpfworte ausdenken

1 Kind
Für alle Altersgruppen geeignet
Spieldauer: 10 Minuten

Das wütende Kind setzt sich mit einer großen Puppe in ein separates Zimmer. Hier darf die Puppe nach Herzenslust beschimpft werden.
Sie können das Spiel erschweren, indem Sie das Kind auffordern, nur selbst ausgedachte Schimpfworte zu benutzen, die nicht unanständig sind.

Wut abschütteln

1 Kind
Für alle Altersgruppen geeignet
Spieldauer: vom Kind abhängig

Das Kind ist wütend oder denkt sich Situationen aus, in denen es häufig wütend wird. Es schildert die Situation und versucht, sich richtig in Wut zu reden. Dann schüttelt es seinen ganzen Körper aus und die Wut möglichst ab. Überlegen Sie gemeinsam, welche Möglichkeiten es gibt, in ähnlichen Situationen so zu reagieren, dass man weder sich, andere oder Sachen schädigt.

Hund und Katze

2 Kinder
Für alle Altersgruppen geeignet
Spieldauer: von den Kindern abhängig

Zwei Kinder stehen sich gegenüber. Eines ist Hund, eines ist Katze. Sie dürfen sich anfauchen, anbellen, kratzen und beißen andeuten, das Bein heben ...
Gibt es noch andere Tiere, die sich benehmen wie Hund und Katze?

> Kinder brauchen manchmal Ventile, um wieder zu sich selbst zu finden und sich zu beruhigen. Das geschieht, wenn das Problem klein war, noch gut durch Ablenkung, also durch lustige und fantasievolle Spiele. Spielen Sie die Probleme eines Kindes jedoch nie runter. Aus der Sicht des Kindes gibt es nichts Wichtigeres als sein Problem.

Fantasiereise

1 Kind oder mehrere Kinder
Für alle Altersgruppen geeignet
Spieldauer: 10–15 Minuten

Bitten Sie das wütende Kind, Sie auf eine Reise in eine schöne neue Welt zu begleiten. Sie suchen sich dafür einen ungestörten Platz aus und machen es sich liegend gemütlich. Die Augen werden geschlossen und Sie beginnen von Ihrer gemeinsamen
Reise zu erzählen:

„Wir packen einen Rucksack und fahren mit dem Auto zum Flughafen. Dort wartet schon ein Flugzeug ganz für uns alleine. Der Pilot steht auf der Treppe und winkt uns zu. Er lädt uns ein, das Cockpit zu besuchen. Eigentlich bist du noch viel zu wütend, um die Einladung anzunehmen, aber dann ..."
Nun beginnt das Kind weiterzuerzählen. Stockt es, bieten Sie einen neuen Anhaltspunkt an. Sie können landen und eine Reise durch den Urwald machen oder über ein geheimnisvolles Meer fahren.

Wut-weg-Beschäftigungen

1 Kind
Für alle Altersgruppen geeignet
Spieldauer: vom Kind abhängig

- Laden Sie das wütende oder aggressive Kind zu einem Wettlauf oder zu einem anderen sportlichen Wettkampf ein.
- Wenn es möglich ist, laden Sie das Kind zu einem Spaziergang ein.
- Halten Sie eine Außenwand frei, die großflächig bemalt werden darf.
- Lassen Sie das Kind Tiere nachahmen: wie ein Hund kläffend durch den Raum sausen, fauchend wie eine Katze schleichen, wie ein Esel schreien, wie ein Vogel flattern und wie ein Elefant trampeln und trompeten.
- Lassen Sie das Kind im Außengelände nach einem Schatz graben.
- Nehmen Sie das Kind in den Arm, halten Sie es ganz fest und fordern Sie es auf, sich mit aller Kraft aus der Umarmung zu lösen.
- Geben Sie dem Kind einen alten Wecker, eine alte Schreibmaschine oder etwas anderes, das sonst auf dem Sperrmüll gelandet wäre, um es kaputtzumachen.

- Geben Sie dem Kind einen Ytong- oder Speckstein oder ein Stück Balsaholz und entsprechendes Werkzeug, damit es seine Aggressionen durch kreative, körperlich anstrengende Tätigkeiten verarbeiten kann.
- Das Kind arbeitet mit Ton oder anderem Material, das sich kneten und formen lässt. Dabei müssen keine vorzeigbaren Exponate entstehen. Das Kneten, Klatschen, Werfen ... reicht aus, um sich auszutoben. Häufig entsteht nach einer solchen, wenig kreativen Phase das Bedürfnis, etwas herzustellen.
- Erzählen Sie dem Kind eine Geschichte.

Eine Wüterichhöhle bauen

1–4 Kinder
Für alle Altersgruppen geeignet
Material: Decken, Kissen, Möbel, Kisten
Spieldauer: mit Höhlenbau bis zu 1 Stunde

Die Kinder bauen im Team eine Höhle aus vielen Decken und Kissen. Diese Höhle ist für den Rückzug bestimmt. Wer sauer, traurig oder beleidigt ist, kann sich in diese Höhle zurückziehen. Dort darf man vor sich hin maulen, auf die Kissen hauen und schimpfen.

Manchmal sind die Kinder aggressiv, weil sie nicht ausgelastet sind, weil die Gruppe zu groß, der Lärm unerträglich ist. Sie sollten versuchen, den Grund für ihr Verhalten herauszufinden, um dann ein angemessenes Angebot machen zu können. Manchmal ist es hilfreich, wenn Sie das Kind einfach eine Weile festhalten und es in den Arm nehmen.

Die Wut-Geschichte

1 Kind
Alter: ab 4 Jahre
Material: ein Wollknäuel, bestehend aus vielen einzelnen und verschieden langen Fäden
Spieldauer: 5–10 Minuten

Geben Sie dem Kind ein Wollknäuel, das aus vielen einzelnen Fäden besteht. Jetzt wickeln Sie abwechselnd das Knäuel ab. Solange der Faden reicht, wird eine Wutgeschichte gesponnen. Ist der Faden abgewickelt, bekommt das andere Kind das Knäuel und erzählt die Geschichte weiter. Die könnte so beginnen:
Neulich im Kindergarten ging alles schief. Zuerst kam ich zu spät. Das fanden die anderen gar nicht witzig. Dann mochte ich das Frühstück nicht und der Krach hat mich auch fürchterlich genervt ...

Was wäre, wenn ...

1 Kind
Für alle Altersgruppen geeignet
Spieldauer: 10 Minuten

Sie sitzen einem Kind gegenüber und konfrontieren es mit einem provokativen Satz. Das Kind soll eine Entgegnung finden. Was wäre, wenn ...
- alle Kinder ein Eis bekämen und du nicht?
- du den ganzen Tag lang deine Sachen nicht finden kannst?
- du dich ungerecht behandelt fühlst?
- dein bester Freund dich nicht zum Geburtstag einlädt?
- Nele den Christoph schlägt und du daneben stehst?
- du nicht in den Kindergarten kannst, weil du einen langweiligen Besuch bei einer Tante in einer anderen Stadt machen musst?

Abenteuer-Wut-weg-Spiele
Abenteuer zusammen bewältigen stärkt das Gemeinschaftsgefühl

Kreisrennen
Alle spielen mit
Alter: ca. ab 5 Jahren
Spieldauer:
ca. 5–10 Minuten

Die Kinder stellen sich hintereinander im Kreis auf (die Gesichter der Kinder schauen auf den Rücken des jeweils vor ihnen stehenden Kindes). Sie halten einen Abstand von etwa 2 Metern. Sie geben ein Zeichen und nun laufen alle hintereinander her und versuchen, ihrem Vordermann auf den Rücken zu klatschen. Wer berührt wurde, hockt sich hin, um die anderen zu behindern. Auf Ihr Signal hin kann die Laufrichtung geändert werden.
Das Spiel wird abgebrochen, wenn die Hälfte der Kinder hockt oder fünf Minuten vergangen sind.

Hindernislauf mit Ei
Alle spielen mit
Alter: je nach Schwierigkeitsgrad des Parcours
Material: für jedes Kind einen Löffel und ein rohes Ei, Stühle, Papierkörbe, Reifen, leere Flaschen, Matten ... als Hindernisse
Spieldauer: ca. 5 Minuten

Sie bauen, wenn möglich mit den Kindern gemeinsam, einen Hindernisparcours auf. Der Schwierigkeitsgrad des Parcours hängt von dem Alter und den Fähigkeiten der mitspielenden Kinder ab. In der Regel können Kinder gut selbst einschätzen, was sie sich zumuten können. Ist der Parcours aufgebaut, bekommt jedes Kind ein rohes Ei. Mit diesem Ei in der Hand oder bei älteren und besonders geschickten Kindern auf dem Löffel, sollen die Kinder den Hindernisparcours bewältigen und ein Ziel erreichen. Das soll möglichst schnell geschehen und das Ei soll heil bleiben.

Es wird eng
Alle spielen mit
Alter: etwa ab 5 Jahre
Spieldauer: ca. 5 Minuten

Ein freiwilliges Kind steht in der Kreismitte. Alle anderen Kinder stehen in einem großen Außenkreis um das Kind herum. Die Kinder des Außenkreises gehen ganz langsam und schweigend auf das Kind in der Mitte zu. Der Kreis wird immer enger.
Wenn Sie das Spiel mit den älteren Kindern spielen, dürfen die dabei auch Drohgebärden machen und laut schreien.

Tiger und Gazellen

Alle spielen mit
Alter: ab 4 Jahre
Spieldauer: 10 Minuten

Die Kinder werden in Tiger und Gazellen eingeteilt. Sie stellen sich an den Rand eines begrenzten Spielfeldes. Die Tiger an eine, die Gazellen an die entgegengesetzte Seite. Sie rufen dann „Tiger". Nun versuchen die Tiger, die Gazellen zu fangen. Rufen Sie „Gazellen", rennen die Gazellen los, um die Tiger zu fangen. Der Spielfeldrand ist Freizone, hier darf niemand gefangen werden. Gefangen genommene Gazellen werden zu Tigern und umgekehrt.

Alle auf einen Stuhl

Alle spielen mit
Alter: ab 5 Jahre
Material: etwa für 5 Kinder ein Stuhl
Spieldauer: ca. 5 Minuten

Die Stühle stehen sicher auf einem weichen Untergrund (federnder Hallenfußboden, Rasen). Den Kindern stehen mehrere Stühle zur Verfügung. Sie erhalten die Aufgabe, sich einen Stuhl auszusuchen und auf diesen Stuhl möglichst viele Kinder zu setzen. Die Kinder regeln selbst, wie und mit wem sie ihren Stuhl besetzen.

Verfolgungskisten

Alle spielen mit
Ohne Altersbegrenzung
Material: zwei große Kartons
Spieldauer: ca. 10 Minuten

Zwei Kinder stehen in den Verfolgungskisten, die oben und unten geöffnet sind. Sie halten die Kisten mit den Händen fest, damit sie beim Laufen nicht fallen. Ihre Aufgabe ist es, sich gegenseitig zu verfolgen und zu behindern. Sobald ein Kind aus der Verfolgungskiste die Kiste des anderen Kindes berührt hat, ist die Spielrunde beendet. Eine neue Spielrunde in anderer Besetzung erfolgt.
Die anderen Kinder bilden Paare, die Rücken an Rücken stehen und sich an den Händen fassen. Sie stören das Spiel der beiden Kinder in ihren Verfolgungskisten, indem sie ihnen zum Beispiel den Weg versperren.
Die Spiele erfordern eine gute Kondition, ein gutes Körpergefühl und Konzentrationsfähigkeit. Die Kinder spielen einerseits gegeneinander, sind aber ebenso auf gegenseitige Hilfe angewiesen. So erfahren sie, dass gegenseitige Hilfe das Leben bereichert.

Im Rahmen der Abenteuer-Wut-weg-Spiele können die Kinder Grenzen erfahren. Wer seine Grenzen kennt, gewinnt auch Zuversicht und Sicherheit. In dem Spiel „Es wird eng" werden die Kinder in der Mitte des Spielfeldes bedroht. So können sie spielerisch lernen, mit ihrer Angst umzugehen. Bei diesen Spielen ist Freiwilligkeit das höchste Gebot.

Die Flussüberquerung

Alle spielen mit
Ohne Altersbegrenzung
Material: Seile, Holzreifen, Latten, Baumstämme
Spieldauer: ca. 10 Minuten

Die Kinder sollen einen imaginären Fluss überqueren (eine umgedrehte Bank, ein Seil auf dem Boden, einen Baumstamm im Wald). Dabei dürfen sie natürlich nicht abstürzen, weil der Fluss gefährlich ist und sie mitreißen würde.
Variante: Zwei Kinder überqueren den Fluss gleichzeitig von den unterschied-lichen Enden aus. Sie müssen aneinander vorbeikommen, ohne in den Fluss zu stürzen.

Kinder lieben Herausforderungen, gerade weil ihnen die reale Welt kaum noch Abenteuer bietet. Dabei ist die Aktionslust der Kinder häufig immens groß, die Bewegungsmöglichkeiten und Bewegungsanreize in einer Tagesstätte sind aber eher klein. Deswegen fühlen sich häufig gerade die größeren Kinder unterfordert. Unterforderung und Bewegungsmangel können genauso wie Reizüberflutung und Überforderung zu Aggressionen führen.

Auf den Tisch des Hauses

Alle spielen mit
Ohne Altersbegrenzung
Material: ein Tisch und diverse Dinge, die sich in Ihrer Umgebung befinden und in das Spiel einbauen lassen
Spieldauer: ca. 15 Minuten (je nach Gruppengröße und Anzahl der Teilnehmer, ist die Gruppe groß, benötigen Sie mehr Zeit)

Es werden zwei Gruppen gebildet. Die Kinder bilden zwei Reihen, die nebeneinander stehen. Die hintereinander stehenden Kinder werden durchnummeriert. So erhalten immer zwei Kinder die gleiche Zahl. Die beiden Gruppen stehen nebeneinander. Sie stehen vor einem Tisch und sagen den Kindern, wer was auf Ihren Tisch bringen soll. Sie leiten jede Aufgabe mit der Formel ein: „Auf den Tisch des Hauses möchte ich von den Nummern 5 eine Vogelfeder haben." Die beiden genannten Kinder rennen dann los, um eine Vogelfeder zu suchen. Dabei dürfen sie sich in einem vorher von Ihnen abgesteckten Radius bewegen, ins Haus laufen, den Garten aufsuchen und bei den anderen Kindern und Erzieherinnen um die Gegenstände bitten. Die anderen Kinder feuern die Spieler und Spielerinnen an, sie dürfen auch Tipps geben, aber nicht helfen. Diese Dinge könnten von den Spielern und Spielerinnen organisiert werden:

- ein mit Wasser gefüllter Zahnputzbecher
- ein Schnürsenkel
- ein Stofftaschentuch
- 2 Kastanien
- ein aus Papier gefaltetes Boot
- ein Ahornblatt
- ein Schlüsselbund
- eine Kasperlepuppe

Die Aufgabenstellung darf lustig sein, sollte nicht allzu schwer, aber durchaus eine Herausforderung sein. Wer seinen Gegenstand zuerst auf den Tisch des Hauses gelegt hat, bekommt für seine Gruppe einen Punkt angeschrieben oder einen Stern aufgeklebt. Die Gruppe mit den meisten Punkten oder Sternen hat das Spiel gewonnen. Die Sachen werden wieder an Ort und Stelle zurückgebracht. Vielleicht kann daraus auch ein gemeinsames Kunstwerk gestaltet werden.

Lassen Sie den Kindern bei ihren Entdeckungstouren möglichst viel Freiheit. Viele Kinder haben zu wenig individuelle Gestaltungsfreiheit. Deswegen sind Spiele wichtig, bei denen die Kinder ihren eigenen Rahmen abstecken und individuelle, kreative Lösungen finden.

Schatzsuche
Alle spielen mit
Ohne Altersbegrenzung
Material: ein Riesenpuzzle mit Skizze des Außengeländes (sehr großformatig), ein Schatz
Spieldauer: ca. 45 Minuten

Sie haben eine große Skizze vom Außengelände angefertigt und in so viele Teile zerschnitten,

wie Sie Kleingruppen bilden. In die Skizze eingezeichnet ist der Ort, an dem Sie einen Schatz versteckt haben (Sie können natürlich auch mehrere Schätze verstecken). Die Puzzleteile werden nun von Ihnen im Gelände versteckt. Jede Gruppe muss ein Puzzleteil finden. Ist das geschehen, wird gemeinsam nach dem Schatz gesucht. Vielleicht muss dafür ein Stück Garten umgegraben werden?

Was ist anders?
Alle spielen mit
Für alle Altersgruppen geeignet
Spieldauer: ca. 30 Minuten

Sie haben im Außengelände allerlei unauffällig verändert: einen Stein an eine andere Stelle gelegt, im Sommer ein Osterei in einen Busch gehängt, einen Plastikfrosch auf den Weg gelegt, ein Schild abgenommen oder verkehrt herum aufgehängt. Die Kinder schwärmen nun aus, um herauszufinden, was Sie alles verändert haben. Sie können sich einen Stift und einen Zettel mitnehmen und die Fehler aufmalen, sie können auch versuchen, sich die Veränderungen zu merken. Wer hat möglichst viele Veränderungen entdeckt?
Die Kinder erleben, dass das Spiel als solches eine Herausforderung ist und Spaß macht. Es spielt keine Rolle, wer gewinnt oder verliert.

Parcours

Alle spielen mit
Ohne Altersbegrenzung
Material: ein dickes, langes Seil
Spieldauer: ca. 20 Minuten

Sie stecken im freien Gelände, das möglichst viel Abwechslung bietet (Bäume, Büsche, Hügel, Steine, eine gespannte Schnur über dem Weg ...) einen Parcours ab. Entlang dieses Parcours spannen Sie ein Seil. An diesem Seil entlang tasten sich die Kinder zum Ziel vor. Sie haben die Augen verbunden und müssen sehr langsam gehen und dabei auf mögliche Hindernisse achten. Die Kinder können in kurzen Abständen hintereinander gehen. Bei diesem Spiel ist darauf zu achten, dass

- ängstliche Kinder einen Probelauf ohne Tuch vor den Augen absolvieren dürfen,
- kleine Kinder und Kinder, die das wünschen, sich von einer erwachsenen Person begleiten lassen,
- auf alle möglichen Gefahren aufmerksam gemacht wird,
- die Kinder, die ängstlich sind, nicht zum Mitspielen überredet werden,
- die Kinder die Augen schließen können, wenn sie keine Binde umbinden mögen,
- in das Tuch zum Verbinden der Augen ein Stück weiches Papier gelegt wird, um Ansteckungen zu vermeiden.

Das Haus bewachen

Alle spielen mit
Für alle Altersgruppen geeignet
Spieldauer: ca. 15 Minuten

Ein Kind sitzt mit geschlossenen Augen in einem Kreis. Es bewacht sein Haus. Die anderen Kinder schleichen sich an. Sie versuchen, in das Haus einzudringen. Hört der Wächter des Hauses, aus welcher Richtung sich jemand anschleicht und zeigt mit dem Finger in die richtige Richtung, ist er erlöst. Nun muss das erwischte Kind den Hauswächter spielen.

Vampire schleichen herum

Alle spielen mit
Alter: ab 5 Jahre
Spieldauer: ca. 10 Minuten

Alle laufen mit geschlossenen Augen in einem abgegrenzten Spielfeld herum. Ein Vampir hat sich heimlich unter die Kinder gemischt (den haben Sie unauffällig vorher bestimmt). Der Vampir geht herum und beißt seine Opfer in die Schulter (bitte leichtes Knabbern verabreden). Wer gebissen wurde, wird nun auch zum Vampir. Das Spiel ist beendet, wenn alle zu Vampiren geworden sind.
Variante: Beißen sich aus Versehen zwei Vampire, werden sie wieder zu Menschen.

Der Krokodilsteich

Alle spielen mit
Alter: ungefähr ab 5 Jahre
Material: ein dickes Seil,
Eimer, Kuscheltier
Spieldauer: 30 Minuten

Dieses Spiel können Sie nur spielen, wenn Sie einen frei stehenden Baum im Außengelände haben. In den Baum wird ein starkes Seil gehängt. Es muss sicher verknotet sein, damit die Kinder daran schwingen können. Um den Baum ziehen Sie einen Kreis von etwa 3 Metern Durchmesser, das ist der Teich, in dem gefährliche Krokodile schwimmen und in den man selbstverständlich nicht fallen darf. Nun ist aber leider ein Teddy in den Teich gefallen und droht, von den Krokodilen aufgefressen zu werden. Schnelle Hilfe ist also angesagt. (Der Teddy liegt in einem Eimer, der im „Teich" steht.)
Nun können die Kinder nacheinander versuchen, den Teddy aus dem „Teich" herauszuholen. Sie schwingen am Seil über den Eimer und versuchen, mit einer Hand den Teddy zu retten. Dabei müssen sie sich gut festhalten, denn sie wollen nicht in den gefährlichen Krokodilsteich fallen.

Kinder lieben es, schwierige Aufgaben zu bewältigen und freuen sich über anschließendes Lob. Wer hohe Anforderungen bewältigt, muss Stärke nicht durch Wutausbrüche beweisen. Aufgabe der Pädagogin ist es, die Spiele so zu gestalten, dass jedes mitspielende Kind die Aufgaben bewältigen kann und ein Erfolgserlebnis hat. Es kann auch wichtig sein zu erfahren, dass nicht alle Kinder gleich schwere Dinge bewältigen müssen, sondern je nach Alter und Leistungsfähigkeit unterschiedliche Aufgaben gestellt oder Hilfen angeboten werden. Die Erfahrung der gegenseitigen Hilfe ist auch sehr wichtig.

Kräftemessen und Dampf ablassen

Eigene Stärken und Grenzen erkennen

Wegschieben

Alle spielen mit. Es werden Paare gebildet.

Alter: etwa ab 5 Jahre

Spieldauer: ca. 3 Minuten

Jeweils zwei Kinder stehen sich gegenüber und legen ihre Handflächen in Schulterhöhe gegeneinander. Sie stellen ein Bein etwas zurück, um den Stand zu sichern. Nun versuchen sie, sich gegenseitig wegzudrücken. Wird das Spiel einem Kind unangenehm, ruft es „Stopp", dann ist das Spiel beendet.

Variation Rücken an Rücken:

Die Kinder stehen Rücken an Rücken und versuchen, sich gegenseitig zu verschieben. Sie können vorher auch eine Linie ziehen. Wird die von einem Kind überschritten, ist das Spiel beendet.

Das Duell

Alle spielen mit. Es werden Paare gebildet.

Für alle Altersgruppen geeignet

Spieldauer: 3–5 Minuten

Jeweils zwei Kinder stellen sich gegenüber. Sie dürfen sich kräftig beschimpfen. Allerdings: Die Kinder beschimpfen sich lautlos. Ihre Worte sind nicht zu hören und auch Berührungen sind verboten.

Das Spiel eignet sich auch für Kinder, die gerade miteinander in Streit geraten und noch so richtig wütend aufeinander sind.

Schimpfkanonen

Alle spielen mit

Für alle Altersgruppen geeignet

Spieldauer: max. 5 Minuten

Jedes Kind denkt sich eine Situation aus, in der es so richtig wütend geworden ist. Nun darf es seine Wut laut herausposaunen. Wenn Sie das Startzeichen geben, legen alle Kinder los, so laut sie können.

Anschließend können Sie nachfragen, ob jemand heraushören konnte, was die anderen so wütend macht. Sie können auch Situationen herausgreifen, um gemeinsam nach Lösungen zu suchen.

Tanz der Füße

2 Kinder, viele Paare
Für alle Altersgruppen geeignet
Spieldauer: ca. 3 Minuten

Zwei Kinder stehen sich gegenüber und halten sich an den Händen fest. Sie versuchen nun, sich gegenseitig auf die Füße zu treten. Damit das einerseits nicht weh tut, andererseits aber auch Rutschgefahr besteht, sollten die Kinder bei diesem Spiel rutschfeste Socken mit Noppen tragen.

Vom Baumstamm ziehen

2 Kinder, so viele Paare, wie Sie Baumstämme zur Verfügung haben
Alter: ab 5 Jahre
Material: Baumstämme oder fest stehende Hocker, Seile
Spieldauer: 3–5 Minuten

Zwei Kinder stehen sich auf abgesägten Baumstümpfen (wie sie im KiTa-Außengelände häufig als Sitzgelegenheit zu finden sind) oder auf Hockern gegenüber. Sie haben ein Seil in der Hand, an dem sie beide kräftig ziehen. Wer sich vom Baumstamm ziehen lässt, hat das Spiel verloren.

Aus dem Kreis drücken

Alle spielen mit. Es werden Paare gebildet. Die Paare sollten körperlich gleich fit sein.
Für alle Altersgruppen geeignet
Material: ein Stück Kreide, um den Kreis zu markieren
Spieldauer: ca. 3 Minuten

Jeweils zwei Kinder sitzen in einem Kreis Rücken an Rücken. Die Arme haben sie ineinander verschränkt. Der aufgezeichnete Kreis hat einen Durchmesser von etwa 3 Metern. Die beiden Kinder versuchen, sich gegenseitig aus dem Kreis zu drücken. Dabei haben die Kontrahenten darauf zu achten, dass sie einander nicht wehtun. Wer zuerst eine Kreislinie berührt hat, hat verloren. Wenn die Kinder es wünschen, können sie den Partner wechseln und eine weitere Spielrunde einlegen.

Wettkampf- und Durchsetzungsspiele sollte man frühestens mit Kindern zwischen 5–6 Jahren spielen. Sie können dazu beitragen, dass Kinder das Gewinnen und Verlieren akzeptieren lernen, aber auch Konflikte auslösen und Aggressionen verursachen. Die Spiele sind sehr lebhaft, reißen auch die Zuschauer mit. Statt seine Aggressionen unkontrolliert rauszulassen, bieten diese Spiele aber durchaus auch die Möglichkeit, sich im fairen Kampf zu messen. Achten Sie darauf, dass die Spielpartner sich anschließend, so wie es beim Sport üblich ist, die Hand geben, um sich für einen fairen Kampf zu bedanken.

Hahnenkampf

2 gleich starke Kinder, viele Paare
Alter: ab 5 Jahre
Spieldauer: 5 Minuten

Zwei etwa gleich kräftige Kinder hocken sich voreinander. Sie versuchen, sich gegenseitig durch Berührungen zu Fall zu bringen. Das Spiel ist für das Kind verloren, das mit einem anderen Körperteil als mit seinen Füßen den Boden berührt. Die Paare können mehrere Spieldurchgänge machen. Das Kind, das die meisten Kämpfe gewonnen hat, wird Gewinner.

Dass Streit entsteht und sich Wut aufbaut, ist ganz normal. Dass man sich darüber ärgert, wenn man sich nicht wehren darf, sich nicht schlagen soll und auch keine hässlichen Dinge sagen darf, ist manchmal schwer zu ertragen. Spiele, bei denen das möglich ist, können entlasten.

Handtuchkampf

Alle spielen mit. Es werden Paare gebildet.
Alter: ab 5 Jahre
Material: 1 weiches Handtuch für zwei Kinder
Spieldauer: 5 Minuten

Zwei Kinder stehen möglichst weit voneinander entfernt an einem Tisch. Sie haben die Augen verbunden und halten in der einen Hand ein Handtuch, mit der anderen Hand halten sie sich am Tisch fest. Nun beginnt die Verfolgungsjagd. Sie dürfen sich gegenseitig mit dem Handtuch schlagen, dürfen die eine Hand dabei aber nicht vom Tisch lösen.

Das Spiel fördert nicht nur den Aggressionsabbau, es erfordert auch ein hohes Maß an Konzentration, da die Kinder darauf achten müssen, den „Gegner" zu lokalisieren.

Schwanz abreißen

Alle spielen mit
Für alle Altersgruppen geeignet
Material: 1 Stück Stoff für jedes Kind
Spieldauer: etwa 10 Minuten

Alle Kinder laufen in einem abgegrenzten freien Feld herum. Sie haben hinten am Gürtel oder im Hosenbund ein Stück Stoff stecken, den Schwanz. Ihre Aufgabe besteht darin, sich gegenseitig die Schwänze abzureißen und dabei den eigenen möglichst lange zu behalten.
Das Spielende orientiert sich an der Kondition der Kinder. Ein weiterer Aspekt für den Abbruch eines Spiels, das kein spielbedingtes Ende hat: Beenden Sie das Spiel, solange die Kinder noch Spaß daran haben. So behält das Spiel seine Attraktivität und die Kinder mögen es gerne immer wieder spielen.

Rettet die Burgdame

Alle spielen mit. Es werden zwei Gruppen gebildet.
Alter: ab 4 Jahre
Spieldauer: 10 Minuten

Die Kinder spielen in zwei Gruppen. Jede Gruppe hat eine Burgdame, die in einer Ecke des Gruppenraumes hockt und von ihrer Gruppe beschützt wird.
Nun wird entschieden, welche Gruppe zuerst versuchen darf, die Burgdame der anderen Gruppe zu rauben.
Sie müssen auch bei diesem
Spiel mit den Kindern
Regeln aushandeln und
auf deren strikter Ein-
haltung bestehen.

Kinder brauchen wilde Spiele, um sich abzureagieren. Im Spiel üben sie einen fairen Zweikampf ein oder lernen, sich in einer Gruppe durchzusetzen. Vor allen Dingen bringen die Spiele einen großen Lustgewinn mit sich, weil dabei erlaubt ist, was sonst verboten ist. Das Überschreiten von Grenzen, das Tun sonst unerlaubter Dinge, die Möglichkeit, sich ausufernd auszutoben, entlastet die Kinder und kann verhindern, dass sich Wut und Aggressionen aufbauen.

- Kratzen, beißen, stoßen, kneifen, an den Haaren reißen ist verboten.
- Erlaubt ist: drängeln, ziehen, kitzeln ...

Wenn die Kinder zwischen 5 und 6 Jahre alt sind, wollen sie gerne ihre Kräfte messen. Das tun sie am besten in einem geregelten Rahmen. Die Regeln müssen nicht Sie für die Kinder aufstellen. Kinder sind durchaus in der Lage, selbst akzeptable Regeln zu entwickeln.
So lernen sie, fair miteinander zu kämpfen und keine Wut aufzustauen.

Spiele ohne Sieger und Verlierer

Spielen ohne Konkurrenzdruck

Waschanlage

Alle spielen mit

Für alle Altersgruppen geeignet

Spieldauer: ca. 5 Minuten oder mehr,
je nach Anzahl der Teilnehmer

Zwei Kindergruppen bilden eine Gasse. Sie knien dabei und schauen sich gegenseitig ins Gesicht und stellen so eine Autowaschanlage dar. Durch diese Waschanlage fährt dann jedes einzelne schmutzige Auto. Jeweils das letzte Kind oder die beiden letzten Kinder der Gasse stellen ein Auto dar. Sie erzählen erst einmal, welch ein Auto sie darstellen („Ich bin ein alter klappriger Lastwagen"), dann fahren sie in die Waschanlage und werden dort nach allen Regeln der Kunst bearbeitet: Sie werden eingeseift, geschrubbt, gerubbelt, massiert, trocken gepustet, poliert. An manchen Stellen muss der Schmutz vielleicht auch besonders gründlich abgekratzt

werden. Die gesäuberten Autos stellen sich an die Spitze der Reihe und werden wieder zum Teil der Waschanlage. Nun kann das nächste Auto kommen.

Blindlauf

Alle spielen mit

Alter: 4–5 Jahre

Spieldauer: ca. 10 Minuten

Die Gruppe wird geteilt, sodass die Kinder eine Gasse bilden können. Dabei stehen sie weit auseinander und schauen sich an. Durch die Gasse dürfen nacheinander alle Kinder gehen, rennen, schreiten, kriechen oder andere Fortbewegungsmöglichkeiten wählen. Sie halten dabei die Augen geschlossen. Die Kinder, die am Rand stehen, haben die Aufgabe, dafür zu sorgen, dass das Kind sicher durch die Gasse kommt und am Ende sanft gestoppt wird.

Spiele dieser Art erfordern Mut, weil man sich einer unbekannten Situation ausliefern muss. Deswegen ist es ganz wichtig, dass Kinder selbst entscheiden, ob und an welcher Stelle sie mitspielen möchten. Wer sich dann aber doch traut, zeigt, dass er Vertrauen zu sich selbst und zu den anderen Kindern hat. Diese Kinder werden stolz auf sich sein. Das kann gegen aufkeimende Wut helfen. Wichtig ist, dass Sie das Spiel gut vorbereiten und die Kinder wissen, dass es darum geht, sich gegenseitig Gutes zu tun. Sich gegenseitig wehtun ist grundsätzlich verboten.

Lindwurmlauf
Alle spielen mit
Für alle Altersgruppen geeignet
Spieldauer: ca. 10 Minuten

Alle Kinder stehen in einer Schlange hintereinander, sie bilden einen Lindwurm. Dabei werden die Hände auf die Schulter des vor ihnen stehenden Kindes gelegt. Der „Kopf des Lindwurms", also das erste Kind in der Reihe, bestimmt die Fortbewegungsart. Vielleicht hüpft der Lindwurm oder er geht rückwärts. Der Lindwurmkopf kann auch kleine Trippelschritte wählen oder eine Hand zum Winken lösen. Nach einer Weile geht der Lind-

wurmkopf an das Schwanzende. Den Zeitpunkt dafür bestimmt das Kind selbst. Nun entscheidet ein neuer Lindwurmkopf das Geschehen.

Die kleine Raupe
Alle spielen mit
Alter: etwa ab 5 Jahre
Spieldauer: ca. 5 Minuten

Alle Kinder stehen hintereinander. Sie bücken sich und umfassen mit einer Hand das Fußgelenk des jeweils vor ihnen stehenden Kindes. Die andere Hand wird auf die Schulter des Kindes gelegt. Nun setzt sich die Raupe in Bewegung. Das Spiel ist beendet, wenn die Raupe auseinander bricht.

Bei diesen beiden Spielen handelt es sich um Interaktionsspiele. Sie funktionieren nur, wenn alle Kinder mitmachen und jedes einzelne Kind sich Mühe gibt. Bricht die Raupe auseinander, ist das gar nicht schlimm, sondern witzig. Alle fallen hin und lachen. Der Reiz beim Lindwurm besteht darin, dass jedes Kind einmal das Geschehen bestimmen kann, ohne dabei „ins Rampenlicht gestellt zu werden". Das stärkt das Selbstbewusstsein und kann helfen, Frust abzubauen bzw. zu verhindern, dass er entsteht.

Grimassen zuwerfen

Alle spielen mit
Für alle Altersgruppen geeignet
Spieldauer: ca. 5–10 Minuten

Alle Kinder stehen im Kreis.
Ein Kind beginnt, eine Grimasse zu schneiden und wendet sich dabei dem rechten Nachbarn zu. Der nimmt die Grimasse auf und gibt sie wiederum an seinen rechten Nachbarn weiter usw. Ist die Grimasse einmal im Kreis herumgegangen, darf ein weiteres Kind sich eine Grimasse ausdenken.
Variante: Ein Kind geht in die Kreismitte, um eine Grimasse zu schneiden. Alle nehmen die Grimasse gleichzeitig auf. Ist das geschehen, verlässt das Kind die Kreismitte und ein anderes Kind geht in die Mitte.

> Diese vorwiegend mimischen Spiele aktivieren die Kinder bei Lustlosigkeit. Indem man andere zum Lachen bringt, setzt man sich auch durch und entschärft Situationen. Lachen kann also auch ein Mittel der Durchsetzung sein und helfen, Aggressionen und Konflikte zu entschärfen.

Haguh

Alle spielen mit
Alter: 5 Jahre
Spieldauer: ca. 8 Minuten

Dieses Spiel wurde gerne bei den Eskimos gespielt. Es geht darum, sich gegenseitig zum Lachen zu bringen. Die Kinder stehen sich zu zweit in einer Gasse gegenüber. Sie halten einen Abstand von etwa einem Meter. Nun werden zwei Kinder bestimmt. Sie gehen aufeinander zu, sagen „Haguh" und bringen sich gegenseitig zum Lachen. Sobald jemand lacht, ist ein neues Paar an der Reihe.

Sich ins Spiel bringen

Alle spielen mit
Für alle Altersgruppen geeignet
Material: Stühle für sechs Kinder
Spieldauer: ca. 15 Minuten

Mit sechs Stühlen wird ein Zugabteil nachgestellt. Sie fangen mit einem Kind, das dazu Lust hat, das Spiel an. Sie setzen sich in das Abteil und beginnen, sich mit ihrem Nachbarn zu unterhalten. Vielleicht schimpfen Sie lautstark über irgendetwas. Nach und nach können sich andere Kinder ins Spiel bringen. Sie können sich ins Abteil setzen und eine Rolle annehmen oder als Schaffner, Putzfrau ... auftauchen. Wer keine Lust mehr hat, verlässt den Zug und wird wieder Zuschauer.
Ist das Spiel beendet, sollten Sie mit den Kindern ein Gespräch führen und dabei klären, welche Verhaltensweisen im realen Leben angebracht sind und welche nicht.

Bei diesem Spiel schlüpfen die Kinder in eine fremde Rolle. Das bietet Sicherheit und gibt ihnen die Möglichkeit, Dinge zu tun, die sie sich sonst nicht zutrauen oder die sonst sanktioniert werden. Man kann zum Beispiel einen Nachbarn anpöbeln, sich um ein offenes Fenster streiten oder einfach den Fahrschein nicht bezahlen.

Streit im Kindergarten – Rollenspiel

Alle spielen mit
Für alle Altersgruppen geeignet
Spieldauer: ca. 15–30 Minuten

Geben Sie typische Konfliktsituationen vor, die die Kinder nachspielen:

- ein Kind wird ständig geärgert, weil die anderen es nicht leiden mögen,
- zwei Kinder streiten um ein Spielzeug,
- Luca will nicht aufräumen,
- Celine versteckt immer die Brottaschen der anderen Kinder.

Bitten Sie die Kinder, weitere Situationen zu schildern, bei denen sie leicht in Wut geraten. Lassen Sie die Kinder diese Situationen nachspielen und verschiedene Lösungen dafür finden. Sie diskutieren anschließend, welche Lösungen für alle akzeptabel sind.
So können die Kinder probeweise die richtigen Handlungen einüben. Sie erfahren spielerisch, ohne dafür sanktioniert zu werden, welche Reaktionen ihre Handlungsweisen hervorrufen.

Kinder lieben es, die Welt auf den Kopf zu stellen. Das verursacht nicht nur gute Laune, sondern fördert auch das Selbstbewusstsein. Der Rollentausch kann auch dazu beitragen, gegenseitiges Verständnis füreinander zu entwickeln. Sind Kinder einmal in die Rolle des Erwachsenen geschlüpft, können sie auch Verständnis für manche unattraktive Entscheidung, die sonst Unverständnis und Wutattacken verursacht hat, entwickeln. Aber auch Sie als Pädagogin können durch Beobachtung des Spiels erfahren, wie Sie mit den Kindern umgehen und welche Dinge es sind, die Kinder zornig machen. In der Regel müssen Sie sich keine Sorgen machen, dass die Kinder „über die Stränge schlagen". Sollten sie es doch tun, ist es natürlich Ihre Aufgabe einzugreifen.

Jetzt bestimme ich!

Alle spielen mit
Für alle Altersgruppen geeignet
Spieldauer: 10 Minuten

Alle Kinder stehen im Kreis. Ein Kind hat eine Kappe auf dem Kopf. Dieses Kind ist das Bestimmerkind. Es macht eine Bewegung vor, gibt einen Laut von sich oder schneidet eine Grimasse. Die anderen Kinder machen das nach. Nach einer Weile gibt das Kind die Kappe an ein anderes Kind ab. Nun ist dieses Kind Bestimmer.

Kinder-Bestimmer

Alle spielen mit
Für alle Altersgruppen geeignet
Spieldauer: 1 Stunde

Erwachsene und Kinder tauschen für eine Stunde die Rollen. Die Kinder bestimmen nun, was gemacht wird. Sie machen Spielvorschläge und stellen Regeln auf.

Verrückte Welt

Alle spielen mit
Für alle Altersgruppen geeignet
Spieldauer: ca. 30 Minuten

Die Kinder dürfen 30 Minuten lang alles verkehrt machen. Sie ziehen ihre Sachen verkehrt herum an. Sie stellen Tische und Stühle verkehrt herum auf, sie sprechen verkehrt und halten Stifte und Bücher verkehrt herum.

Mitmachgeschichte

Alle spielen mit
Für alle Altersgruppen geeignet
Spieldauer: bis zu 30 Minuten

Sie haben eigentlich eine Theatertruppe engagiert. Die ist aber leider nicht gekommen. Nun spielen Sie das Stück eben alleine. Die Kinder müssen tüchtig dabei mithelfen und das geht so:
Sie erzählen eine Geschichte oder ein klassisches Märchen. Eine verkürzte Version von Hänsel und Gretel zum Beispiel.
Sie bitten zunächst ein paar Kinder, das Hexenhaus darzustellen, andere stellen sich als Bäume auf oder spielen die Möbel. Auch ein Vorhang, Sonne und Mond können eingesetzt werden.
„Im tiefen Wald (Ich brauche jetzt drei Kinder, die Bäume im Wald darstellen) steht ein Hexenhaus (Jana und Rike, würdet ihr bitte das Hexenhaus spielen?). Dort wohnt die alte böse Hexe. (Wer mag die Hexe spielen?)

Während die Hexe sich ein Süppchen kocht, scheint draußen die Sonne (Ich brauche eine Sonne, die sich auf den Stuhl dort stellt und scheint). Da kommen zwei Kinder (Max und Lisa, kommt doch einmal her) zum Hexenhaus. Die Bäume wiegen sich inzwischen im Sturm. Die Tür des Hexenhauses geht auf und zu und quietscht. Hänsel und Gretel sehen die Hexe nicht und beginnen, am Hexenhaus zu knabbern. Plötzlich hören sie ein Geräusch. Sie schauen sich um und sehen ein Reh. (Jetzt muss ein Reh um die Ecke kommen, wer macht das?)"
Bitten Sie die Kinder, die Geschichte mit Ihnen weiterzuspinnen.

Kinder lieben und brauchen fantastische Geschichten und Erlebnisse. Damit verlassen sie für einen Augenblick die anstrengende, manchmal belastende reale Welt, um sich zu entlasten. Ein kreatives Klima hilft den Kindern dabei.

Das wandernde Paket

Alle spielen mit
Alter: ab 5 Jahre
Material: ein Seil
Spieldauer: 10 Minuten

Die Kinder stehen eng beisammen. Sie schnüren die Gruppe mit einem dicken Seil zu einem Paket zusammen. Das Seil sollte natürlich nicht zu eng gezogen sein.
Das Paket soll nun von einem Spielort zum anderen wandern.
Gelingt das, ohne dass ein Kind hinfällt oder sich wehtut?

Das Denkmal
Alle spielen mit
Für alle Altersgruppen geeignet
Spieldauer: ca. 15 Minuten

Die ganze Kindergruppe wird ein Denkmal bauen. Zwei Kinder, die Sie auswählen, beginnen das Spiel, indem sie sich entsprechend positionieren. Nun können sich Kinder, die Lust und Ideen haben, zu den beiden Kindern stellen, um das Denkmal zu vervollständigen. Es stellt sich immer nur ein Kind zur Zeit zum Denkmal, die Kinder müssen Blickkontakt halten, um entscheiden zu können, ob sie sich sofort dazustellen oder erst später. Sie entscheiden selbständig, wohin sie sich stellen. Die noch nicht in das Denkmal integrierten Kinder können aber Hinweise geben und Wünsche äußern. Sie können auch einen Denkmalbauer bestimmen. Der stellt die Kinder dann so in Position, wie er/sie es wünscht. Eine weitere Möglichkeit besteht darin, beide Spielversionen auszuprobieren.

Lauter Elefanten, Bären, Flugzeuge
Alle spielen mit
Für alle Altersgruppen geeignet
Material: Musik
Spieldauer: ca. 10 Minuten

Die Kinder bewegen sich nach Musik frei im Raum. Sie halten die Musik immer wieder an, um kleine Anweisungen zu geben:
- Jedes Kind ist jetzt ein Elefant, Tiger, Bär, Adler oder Schlange.
- Viele Kinder spielen jetzt einen Reisebus, ICE, Flugzeug, Hubschrauber oder Ruderboot.
- Alle benehmen sich jetzt, als wären sie vornehme Partygäste, Roboter, Gespenster oder Rumpelstilzchen.

- Alle schauen jetzt, was Bente macht, und machen es ihr nach. Was Luca macht ...

Tanzen und Versteinern
Alle spielen mit
Alter: 4 Jahre
Material: Musik
Spieldauer: ca. 10 Minuten
Alle stehen im Raum verteilt und bewegen sich nicht. Langsam wachen die einzelnen Körperteile auf und beginnen zu tanzen. Aber immer nur die Körperteile, die Sie benennen. „Kleiner Finger": Jetzt beginnen die kleinen Finger zu tanzen. „Hand": Jetzt beginnen die Hände zu tanzen. Nach und nach werden alle Körperteile benannt, zum Schluss der ganze Körper. Hört die Musik auf zu spielen, „versteinern" wieder alle.

Kinder bewegen sich gerne nach Musik. Sie bewegen sich völlig frei, entwickeln dadurch ein Gefühl für ihren Körper. Musikspiele tragen zur Integration der Sinne bei. Die Spiele fördern auch die Kreativität, trainieren die Körperkräfte und tragen zur Sensibilisierung bei. Sie müssen gut angeleitet werden und eignen sich nicht für neue Kindergruppen.

Konfliktlösungsstrategien und Teamarbeit lernen

Miteinander statt gegeneinander

Die 3 Geheimnisse

Alle spielen mit

Alter: etwa ab 5 Jahre

Spieldauer: ca. 20 Minuten

Wählen Sie für dieses Spiel ein Gelände, das viel Abwechslung bietet: Büsche, Bäume, große Steine, Blumen ... Zwei Kinder bilden ein Paar. Ein Kind hält die Augen geschlossen, das andere führt dieses Kind durch das Gelände. Das führende Kind soll dem Partner/der Partnerin 3 Geheimnisse präsentieren. Das Kind wird also zu einem Ort geführt, an dem ein besonders schöner Baum, ein interessanter Stein, eine Wurzel ... liegen. Das Geheimnis muss mit den Händen erfühlt, mit der Nase erschnuppert und vielleicht auch mit den Ohren belauscht werden. Sind drei Geheimnisse erkundet worden, geht das Paar zum Ausgangspunkt zurück. Nun geht das Kind los, um die drei Geheimnisse allein und mit geöffneten Augen wiederzuentdecken.

Danach werden die Rollen getauscht.

Chips sammeln

Alle spielen mit

Für alle Altersgruppen geeignet

Material: Viele Spielchips (Muggelsteine o. Ä.), wer mag, nimmt auch eingewickelte Bonbons

Für jede Dreiergruppe ein Gefäß, in dem die Beute gesammelt werden kann.

Spieldauer: 5 Minuten Spiel, 5–10 Minuten Auswertung

Immer drei Kinder fassen sich an den Händen. Jetzt spielen mehrere Dreiergruppen gegeneinander. Der ganze Fußboden ist mit Spielchips, Steinen o. Ä. ausgelegt. Die Dreiergruppen sollen möglichst viele Spielchips aufsammeln und in ihren Behälter, der auf der Fensterbank steht, legen. Das Spiel wird nach etwa 5 Minuten abgebrochen.

Nun wird gezählt, welchem Dreierteam es gelungen ist, die meisten Chips aufzusammeln.

Siamesische Zwillinge räumen auf

Alle spielen mit. Es werden Paare gebildet.

Alter: 4–5 Jahre

Spieldauer: 10–15 Minuten

Das Aufräumen wird interessant und lustig gemacht, indem zwei Kinder an einem Oberarm und einem Oberschenkel zusammengebunden werden. Nun müssen die Siamesischen Zwillinge Teamarbeit leisten.

44

Partnersuche

Alle spielen mit
Für alle Altersgruppen geeignet
Material: Für jedes Kind ein leeres Filmdöschen, Füll-
material
Spieldauer: 5–10 Minuten

Zunächst einmal füllen Sie die Filmdöschen mit Reis,
kleinen Steinen, Erbsen ..., immer zwei oder drei mit dem
gleichen Material.
Auf Ihr Zeichen hin laufen die Kinder los, schnappen
sich ein Filmdöschen und schütteln es. Auf diese Weise
sollen sie herausfinden, welche Kinder zusammenge-
hören, nämlich die, dessen Dose das gleiche Geräusch
von sich gibt.

Partnerbild

2 Kinder, mehrere Paare
Alter: ab 4 Jahre
Material: pro Paar ein Blatt Papier, ein Stift
Spieldauer: ca. 15 Minuten

Zwei Kinder bekommen die Aufgabe, ein gemeinsames
Bild zu malen. Sie dürfen während der Zeit des Malens
nicht miteinander reden. Sie haben nur ein Blatt Papier
vor sich liegen und halten gemeinsam einen Stift. Wenn
das Bild fertig ist, unterhalten Sie sich mit dem
Künstlerpaar.
„Hat jemand von euch den Stift geführt? War es
schwierig, das Bild gemeinsam zu malen? Wie seid ihr
euch einig geworden? Wer hat bestimmt?"
Wenn mehrere Paare ein Bild gezeichnet haben, ver-
anstalten Sie anschließend eine Bilderausstellung und
besprechen das Experiment im großen Kreis.

Autofahrt

Alle spielen mit
Für alle Altersgruppen geeignet
Spieldauer: etwa 8–10 Minuten

Zwei Kinder stellen sich hintereinander. Das hintere Kind
legt seine Hände auf die Schulter des vor ihm stehenden
Kindes, das die Augen geschlossen hat und die Arme mit
aufgestellten Händen wie Stoßdämpfer vor sich hält.
Nun geht die Autofahrt los. Das „blinde" Kind ist das
Auto, das hinter ihm stehende Kind der Chauffeur, der
das Auto durch den dichten Verkehr lenkt. Dabei darf es
nicht zu Zusammenstößen kommen.
Anschließend werden die Rollen getauscht.

Bei Spielen dieser Art spielt das anschließende Gespräch
eine wichtige Rolle. Fragen Sie die Kinder:
- Wie hat das Zusammenspiel geklappt?
- Hat jemand die Führung übernommen?
- Gab es Probleme? Wie habt ihr die gelöst?
- Wie habt ihr euch in der
  Rolle des Autos gefühlt,
  wie als Chauffeur?

45

Dreibeinlauf

Viele Paare
Alter: ab 4 Jahre
Material: ein dickes Band
Spieldauer: ca. 5 Minuten

Zwei Kinder stehen nebeneinander. Die beiden nebeneinander stehenden Beine werden zusammengebunden. Nun üben sie, mit drei Beinen zügig von einem Spielfeldrand zum anderen zu kommen. Gelingt das einigermaßen, können die Kinder ihre Zeit stoppen lassen oder gegeneinander antreten.

Kindertransport

Mehrere Vierer- oder Fünfergruppen
Alter: ab 5 Jahre
Spieldauer: ca. 15 Minuten

Jeweils 3–4 Kinder sollen aus ihren Körpern ein Fahrzeug „bauen". Mit diesem Fahrzeug transportieren sie ein Kind aus ihrer Kleingruppe von einem Punkt zum anderen.

Spiele, die in Partnerarbeit bewältigt werden müssen, tragen dazu bei, dass Kinder lernen, Absprachen zu treffen und einfühlsam auf andere einzugehen.

Gemeinsam Aufstehen

Alle spielen mit. Es werden Paare gebildet.
Alter: ab 5 Jahre
Spieldauer: 5 Minuten

Zwei Kinder sitzen Rücken an Rücken. Die Arme haben sie untergehakt. Nun versuchen sie aufzustehen. Das kostet ein bisschen Mühe und viel Übung.

Kartoffelsack wiegen

Alle spielen mit. Es werden Paare gebildet.
Alter: ab 6 Jahre
Spieldauer: 5 Minuten

Zwei Kinder stehen Rücken an Rücken und haken die Arme unter. Nun beugt sich ein Kind, dabei legt sich das andere automatisch auf den Rücken des Partners. Das Kind kann sich noch zwei- oder dreimal langsam strecken und wieder beugen und mit einer leichten Bewegung des Rückens spüren, wie viel Gewicht auf dem eigenen Rücken liegt, dann wird gewechselt. Sie sollten die Kinder darauf hinweisen, dass die Bewegungen langsam und sanft ausgeführt werden müssen.

Die Kinder entdecken bei diesen Spielen, dass Zusammenarbeit Spaß macht und nützlich ist, weil man so schnell zu einem guten Ergebnis kommt. Sie erkennen, dass man sich gegenseitig helfen muss, und lernen dabei, andere zu akzeptieren.

Raus aus der Höhle

Alle spielen mit
Alter: ab 4 Jahre
Material: ein Reifen als Höhlenausgang
Spieldauer: ca. 5 Minuten

Alle Kinder stehen hintereinander in einer Reihe. Sie halten sich an den Händen fest. Das erste Kind in der Reihe hält in einer Hand einen Reifen, der den Ausgang einer Höhle darstellt. Durch diesen Höhlenausgang sollen nun alle Kinder nacheinander steigen, um die (imaginäre) Höhle zu verlassen. Sie dürfen dabei nicht die Hände voneinander lösen. Sind alle durch das Höhlentor gestiegen, wird es noch ein bisschen schwieriger: Nun müssen die Höhlenforscher wieder zurück.

Maschinenbau

Alle spielen mit. Es werden Kleingruppen gebildet.
Alter: 4 Jahre
Spieldauer: 20 Minuten

Die Kinder laufen mit eckigen Bewegungen, als wären sie Roboter, durch den Raum. Nach einer Weile bitten Sie die Roboter, sich in Kleingruppen zusammenzufinden (4-5 Kinder), um aus ihren Robotern nun eine große, bewegliche Maschine zu bauen. Die Maschinenteile (Arme und Beine) greifen ineinander und bewegen sich. Die „Maschine" soll auch im Ganzen beweglich sein und einmal durch den Raum fahren, um von den anderen Kindern begutachtet werden zu können. Wer mag, kann sich auch einen Namen für die Maschine ausdenken.

Das Radio

Alle spielen mit. Es werden Paare oder Dreiergruppen gebildet.
Für alle Altersgruppen geeignet
Spieldauer: 10 Minuten

Zwei oder drei Kinder finden zusammen. Ein Kind stellt das Radio dar. Das Radio kann verschiedene Geräusche von sich geben, singen, sprechen, stumm bleiben, laut und leise sein ... Das andere Kind oder die anderen beiden Kinder probieren aus, auf welche Reize ihr Radio reagiert: Fassen sie das Ohr an, singt es, auf einen Nasendruck hin verstummt es. Die Kinder experimentieren spielerisch und fantasievoll mit ihrer Aufgabe. Sie versuchen herauszufinden, wie man das Radio an- und ausstellt und den Sender wechselt. Manchmal kommen auch merkwürdige Geräusche aus dem Radio. Vielleicht gibt es Musik oder Nachrichten. Nach einer Weile werden die Rollen gewechselt.

Bei diesen Spielen kommt es darauf an, dass die Kinder lernen zu kooperieren. Je besser sie miteinander auskommen, umso leichter gestaltet sich das Zusammenleben. Sie trainieren auch ihre Körperkräfte und erleben den engen Körperkontakt zu anderen Kindern. Spiele dieser Art erfordern viel Vertrauen. Sie sind spontan einsetzbar, erfordern nicht viel Vorbereitung und wenig Material. Die anschließenden Gespräche führen dazu, dass Kinder lernen, ihre Gefühle zu verbalisieren. Die miteinander übenden Kinder sollten möglichst gleich kräftig sein.

Vernissage

Alle spielen mit
Für alle Altersgruppen geeignet
Material: Spielzeug, Tücher, buntes Papier, für je 5 Kinder ein Ausstellungstisch, Saft, Kekse
Spieldauer: mindestens 30 Minuten

Die Kinder sollen eine Ausstellung arrangieren. Sie bilden kleine Gruppen mit 3–5 Kindern, die je einen Ausstellungstisch erhalten. Jedes Kind darf ein Lieblingsteil in die Ausstellung einbringen. Das kann ein selbst gemaltes Bild sein, ein Lieblingsspielzeug oder ein besonderes Fundstück. Die Sachen werden schön dekoriert und die Kinder wählen eine Gruppensprecherin, die ihren Tisch den anderen Kindern vorstellt.
Gemeinsam wird die Ausstellung dann mit einem Glas Apfelsaft eröffnet und begangen.

Eier zum Fliegen bringen

Alle spielen mit. Die Kinder bilden Kleingruppen mit 4 Kindern pro Gruppe.
Material pro Gruppe: 100 dicke Plastikstrohhalme, 1 Rolle Tesafilm, 2 Eier
Spieldauer: ca. 30 Minuten für die Planung, 15 Minuten für das Experiment, 10 Minuten für die Auswertung

Die Kinder erhalten nun die Aufgabe, mit den Strohhalmen und dem Tesafilm etwas zu bauen, das dafür geeignet ist, die Eier „zum Fliegen zu bringen". Die Eier sollen von der höchsten Stelle der KiTa fliegen und dürfen dabei nicht kaputtgehen. Es darf kein anderes Material verwendet werden als das vorhandene. Bevor die Kinder zu bauen beginnen, sollten sie genau überlegen, wie man am besten vorgeht. Jede Gruppe hat zwei Eier. Mit einem Ei kann ein Probeversuch gemacht werden. Es gibt dafür aber keine weiteren Strohhalme. Es ist nicht erlaubt, das Ei unten aufzufangen.

Das Experiment wird anschließend besprochen. Sie fragen nach: „Konnten sich alle beteiligen? Wie habt ihr euch beteiligt? Wer hat die zündende Idee gehabt? Welche Aufgaben wurden verteilt? Gab es Schwierigkeiten oder Streit?"

Sachen suchen
2 Kinder, viele Paare
Für alle Altersgruppen geeignet
Material: für je zwei Kinder zwei gleiche Gegenstände
Spieldauer: ca. 15 Minuten

Sie verstecken im Gruppenraum oder im Freien für je zwei Kinder zwei gleiche Gegenstände. Zwei Kronkorken, zwei Kastanien, zwei Spielfiguren ...
Nun gehen jeweils zwei Kinder auf die Suche. Sobald ein Paar zwei gleiche Gegenstände gefunden hat, ist das Spiel für sie beendet.

Gefühle wahrnehmen und reagieren
Alle spielen mit
Für alle Altersgruppen geeignet
Spieldauer: etwa 15 Minuten

Alle Kinder stehen im Kreis. Sie beginnen ein Rollenspiel, indem Sie sich vor ein Kind stellen und ein Gefühl zum Ausdruck bringen. Das Kind, vor dem Sie stehen, soll auf Ihr Gefühl reagieren. Falls Sie weinen, nimmt es Sie vielleicht in den Arm. Sollten Sie einen Wutanfall simulieren, dreht es sich möglicherweise weg. Nach kurzer Zeit stellen Sie sich in den Kreis, das Kind, mit dem Sie gespielt haben, begibt sich zu einem anderen Kind, um dem eine Gefühlsreaktion vorzuspielen. Bei Spielen dieser Art ist es wichtig, vorher und nachher über Gefühle zu sprechen. Welche Gefühle kennen die Kinder? Woran erkennen sie, ob jemand traurig, wütend oder gut gelaunt ist?

Kinder möchten gerne kreativ sein. Sie möchten erforschen und erfinden. Dies, und ein hohes Maß an Autonomie können verhindern, dass sich Aggressionen aufbauen. An Stelle von Konkurrenz, starren Regelungen und Bevormundungen treten Zusammenarbeit, Vertrauen in die Fähigkeit der anderen, weil jedes Kind seinen eigenen, besonderen Anteil am Gelingen leisten kann, was zu einer großen Zufriedenheit führt. Im Rahmen des Eierexperimentes lernen die Kinder, Absprachen zu treffen, die verhindern, dass Missverständnisse auftreten.
Ihre Aufgabe ist es, die Spiele genau zu erklären. Fragen Sie nach, ob alle Kinder die Aufgabe richtig verstanden haben. Vielleicht mag ein Kind noch einmal erzählen, wie es geht. Während der Präsentationsphase sollten Sie darauf achten, dass alle Ideen wirklich gewürdigt werden.

Streit in der Sandkiste

Mehrere Kleingruppen
(3–5 Kinder)
Für alle Altersgruppen geeignet
Material: Handpuppe
Spieldauer: 15 Minuten

Sie spielen mit einer Handpuppe verschiedene Szenen vor, die aus der Erlebniswelt der Kinder stammen und in denen es zu Konflikten kommt. Die Kinder schauen sich die Szenen an und denken sich ein Ende aus.

Anna und Lena sitzen in der Sandkiste und spielen. Sie haben schon tolle Burgen gebaut und ein ganzes Kanalsystem. Da kommt ein großer Junge und sagt: „Haut ab, hier will ich spielen!" Dann beginnt er, alles kaputtzutrampeln.

Besprechen Sie zunächst mit den Kindern, was da passiert ist und wie sich Kinder gegen solche Übergriffe wehren können. Die Kinder können Ihnen sagen, wie Sie das Ende der Szene spielen sollen oder selbst einen Schluss vorspielen.

Weitere Konfliktszenen:

- Sofie hat eine rotgrün karierte Hose und einen orangefarbenen Pulli an. Die Mama sieht das und sagt: „Sofie, das sieht ja unmöglich aus, zieh sofort einen anderen Pulli an."
- Zum Mittagessen gibt es Spinat. Lukas mag keinen Spinat. Sein Papa ist wütend und sagt: „Du isst jetzt sofort deinen Spinat auf!"
- Christian und Eric spielen Ball und machen dabei ziemlich viel Lärm. Herr Meier schaut aus dem Fenster und schimpft: „Verschwindet mit eurem Ball, ihr Radaubrüder, ich komm gleich runter und zieh euch die Hammelbeine lang!"
- Timm und Svenja haben in der Bauecke gespielt. Nun sollen sie aufräumen. Timm zischt Svenja an:

„Du kannst alleine aufräumen und wenn du mich verpetzt, kriegst du nachher Prügel!"
- Tabea will auf den Spielplatz. Hans versperrt ihr den Weg: „Hier kommst du nicht durch!"
- Im Supermarkt steht ein Kind an der Kasse. Ein Erwachsener drängelt sich vor: „Geh mal zur Seite, ich hab es eilig!"

Etwas Gutes füreinander tun

Alle spielen mit. Es werden Paare gebildet.
Für alle Altersgruppen geeignet
Material: für je zwei Kinder eine Matte
Spieldauer: 10 Minuten

Ein Kind liegt zusammengerollt auf der Matte und stellt sich schlafend. Das andere Kind hat die Aufgabe, das Kind zu wecken. Es darf dabei lauter nette Dinge tun, die es dazu bringen, aufzustehen. Es sollte aber nicht reden. Fühlt sich das liegende Kind wohl und gut behandelt, wacht es auf. Die Rollen werden dann getauscht.

Gefühle können verbal, aber auch nonverbal geäußert werden. Beides ist leider nicht selbstverständlich. Für das Zusammenleben ist es hilfreich, wenn Menschen gelernt haben, Gefühle zu äußern und auch Gefühlsäußerungen anderer richtig zu deuten. Viele Kinder haben bereits verlernt, ihre Gefühle nonverbal auszudrücken. Deswegen ist es notwendig, die Spiele gut zu erklären und mit den Kindern immer wieder Regeln zu vereinbaren.

Der Mund ist zu

Alle spielen mit
Für alle Altersgruppen geeignet
Spieldauer: etwa 10 Minuten

Sie sitzen mit den Kindern im Kreis und schlagen folgende Spielsituation vor:

„Wir können alle nicht sprechen, möchten aber trotzdem zeigen, wenn wir uns ärgern, freuen, wütend sind.

• Pia, zeig mir, was du machst, wenn ich dir deine Puppe wegnehme?
  ... ich lache dich aus,
  ... ich streichle deinen Kopf,
  ... ich umarme dich,
  ... ich schenke dir etwas,
  ... ich nehme dir etwas weg,
  ... ich schreie dich an,
  ... ich verbiete dir etwas,
  ... ich will dich schlagen."

Gefühle äußern – Rückmeldung geben

Alle spielen mit
Für alle Altersgruppen geeignet
Spieldauer: 10 Minuten

Setzen Sie sich mit den Kindern in einen Kreis. Sie haben einen Ball in der Hand, den Sie einem Kind zuwerfen und dabei eine Situation schildern, für die sich das Kind eine Entschuldigung ausdenken muss: „Leonie, du hast mir meinen Nachtisch stibitzt." Leonie sagt vielleicht: „Tut mir Leid, das war nicht in Ordnung. Morgen darfst du dafür meinen Pudding essen."

Geübte Kinder spielen gerne und unbefangen Rollenspiele. Im Rollenspiel können sie Handlungsweisen einüben, ohne dafür Folgen befürchten zu müssen. Manche Kinder trauen sich nicht, ein angeleitetes Rollenspiel zu spielen. Nutzen Sie deswegen auch das Spiel mit Handpuppen. Hinter einer Handpuppe kann man sich gut verstecken. Sie kann stellvertretend für das Kind sprechen, das entbindet es von Verantwortung.

Zur Ruhe kommen

Ballmassage

2 Kinder, viele Paare
Für alle Altersgruppen geeignet
Material: für zwei Kinder je ein Tennisball und eine Matte
Spieldauer: 10 Minuten

Zwei Kinder haben eine Matte und einen Tennisball. Ein Kind liegt mit dem Bauch auf der Matte, das andere lässt den Ball langsam über den ganzen Körper rollen. Besonders im Nackenbereich ist die Ballmassage sehr angenehm.
An Stelle des Tennisballes kann auch ein kleiner Softball genommen werden.
Kreist der Softball langsam und vorsichtig über den Körper, rät das liegende Kind, wo sich der Ball gerade befindet. Nach einigen Minuten kann von der Bauch- in die Rückenlage gewechselt werden. Dann werden die Rollen getauscht. Die Kinder bestimmen selbst, wie lange sie massiert werden möchten.

Sich eincremen

Alle spielen mit und bilden Paare
Für alle Altersgruppen geeignet
Material: für je zwei Kinder eine kleine Flasche Massage-öl oder unparfümierte Bodylotion, eine Matte
Spieldauer: etwa 10 Minuten

Ein Kind liegt auf einer Decke oder Matte, die Haare sind zurückgebunden und der Oberkörper ist frei. Das andere Kind cremt Gesicht, Nacken und Rücken des Kindes sanft ein.
Anschließend werden die Rollen getauscht.

Das Cremen und Einseifen sind erste Stilleübungen zum Eingewöhnen. Kinder genießen durchaus die intensiven Berührungen und lernen, sich dabei fallen zu lassen und zu entspannen. Im Rahmen einer Stilleübung können die Kinder unbeschwert den Augenblick genießen, den Körper bewusst spüren und den Stress des Tages vergessen.

Zauberseife gegen den Krach

Alle spielen mit und bilden Paare
Für alle Altersgruppen geeignet
Spieldauer: ca. 5 Minuten

Mit Zauberseife kann man sich gegenseitig die Wut oder den ganzen Ärger des Tages wegwaschen. Zwei Kinder seifen sich gegenseitig pantomimisch mit einer Zauberseife ein. Sie rubbeln und reiben und waschen so allen Ärger und Stress weg. Anschließend stellen sie sich unter eine imaginäre Dusche, um den Seifenschaum abzuduschen. Da muss man dann auch schon mal nachschauen, ob aller Schaum weg ist und vielleicht mit der Hand ein wenig nachhelfen. Danach müssen sich die Kinder natürlich mit einem großen Handtuch trockenrubbeln.

Wettermassage

Alle spielen mit
Für alle Altersgruppen geeignet
Spieldauer: ca. 5 Minuten

Die Kinder stehen nah beieinander im Kreis mit der Schulter zur Kreismitte und schauen dabei auf den Rücken des vor ihnen stehenden Kindes. Ein Kind beginnt mit der Wettermassage und sagt vielleicht laut: „Es tröpfelt" und lässt dabei die Finger auf den Rücken tippen. Das Gleiche tun alle anderen Kinder nach. Dann ist das nächste Kind an der Reihe. Es sagt vielleicht: „Es hagelt." Nun klopfen die Finger kräftiger auf den Rücken. Es kann auch donnern, blitzen, die Sonne kann scheinen ... Die Kinder bekommen keine Vorgaben für dieses Spiel. Sie denken sich selbst ihre Bewegung aus und geben sie an die anderen Kinder weiter. Die „Sonne kann scheinen", indem die flache Handfläche den Rücken streichelt, es kann aber auch ganz anders aussehen, das hängt von den Empfindungen und der Fantasie der Kinder ab.

Diese Spiele dienen der Entspannung. Sie können ohne große Vorbereitung spontan eingesetzt werden. Sie eignen sich auch für behinderte Kinder. Achten Sie darauf, dass Sie Entspannungsspiele nur in einem ruhigen Raum einsetzen.

Bierdeckel spüren

2 Kinder, viele Paare
Für alle Altersgruppen geeignet
Material: viele Bierdeckel für jedes Kind, eine Matte für je zwei Kinder
Spieldauer: etwa 20 Minuten

Ein Kind liegt mit geschlossenen Augen auf einer Matte. Ein anderes Kind legt ganz vorsichtig Bierdeckel auf verschiedene Stellen seines Körpers. Nach einer Weile soll das liegende Kind sagen, wo auf seinem Körper überall Bierdeckel liegen.
Nun werden die Rollen getauscht.
Anschließend findet ein Gespräch statt. An welchen Körperstellen konnte man den Bierdeckel gut, wo weniger gut spüren? Wer hat die Bierdeckel so sachte gelegt, dass es schwer war, überhaupt etwas zu spüren?

In einer Decke wiegen

Alle spielen mit. Kleingruppen von mindestens fünf Kindern

Alter: ab 5 Jahre

Material: Matten, für jede Gruppe eine Decke

Spieldauer: ca. 10 Minuten

Die Decke wird auf die Matte gelegt. Ein Kind legt sich auf die Decke. Die anderen Kinder heben die Decke an und wiegen sie leicht hin und her. Das Kind in der Decke darf auch Wünsche äußern.

Nach einiger Zeit darf ein anderes Kind zum Wiegen in die Decke.

Bei diesen Spielen geht es darum, das Körpergefühl zu entdecken und sich zu entspannen. Die Kinder tun etwas Gutes füreinander und können es genießen. Sie lernen auch, empathisch zu handeln.

Yoga für Kinder. Der Lauf der Sonne

Alle spielen mit

Für alle Altersgruppen geeignet

Material: je Kind eine Matte

Spieldauer: 10 Minuten

Die „Sonne" ist eine einfache Yogaübung, die auch mit kleinen und mit behinderten Kindern durchgeführt werden kann. Erfinden Sie den Text weitgehend selbst oder mit den Kindern gemeinsam.

Die Kinder liegen entspannt auf einer Matte. Sie bitten die Kinder, pantomimisch die Sonne darzustellen und beginnen zu erzählen: „Es ist Morgen und die Sonne geht langsam auf." (Kinder stehen langsam auf und stellen sich mit hängenden Armen hin.) „Atmet langsam und gleichmäßig und hebt die ausgestreckten Arme ganz langsam hoch. Gemächlich geht die Sonne auf, steigt immer höher und höher. Langsam wird es Mittag, dann hat die Sonne ihren höchsten Punkt erreicht und eure Handflächen treffen aufeinander. Jetzt steht die Sonne ganz oben am Himmel, aber nicht lange, dann beginnt sie schon wieder langsam zu sinken. Dreht eure Handflächen nach außen und lasst die Arme ausgestreckt ganz langsam sinken. Lasst euch Zeit und atmet ruhig und gleichmäßig weiter. Die Sonne hat es nicht eilig. Ganz gemächlich versinkt sie und legt sich wieder schlafen. Dabei atmet ganz tief aus." Zitat aus: Martin Stiefenhofer „55 Tipps ... wie Ihr Kind zur Ruhe kommt". Christophorus-Verlag Freiburg 2000, S. 34

Kerzenmeditation

Alle spielen mit

Für alle Altersgruppen geeignet

Material: für jedes Kind ein Wasserglas mit einem Teelicht, ein großer, runder Spiegel, der in der Mitte des Raumes liegt

Spieldauer: 15–20 Minuten

Die Kinder sitzen im Kreis auf dem Fußboden. Vor jedem Kind steht ein Wasserglas mit einem brennenden Teelicht. Die Kinder sitzen im Schneidersitz auf einem kleinen Kissen vor ihrer Kerze. Sie sind ganz still und schauen sich das Licht der Kerze an. Im Hintergrund kann leise eine ruhige Musik spielen.

Sie bitten die Kinder, Ihren Anweisungen zu folgen:

- „Setzt euch mit gekreuzten Beinen hin. Legt die Hände auf eure Knie, sodass die Handflächen zum Himmel zeigen.
- Schaut euch die Kerze eine Weile an und seid dabei mucksmäuschenstill.
- Seht euch genau an, was die Flamme macht.

- Schließt jetzt bitte die Augen. Wahrscheinlich könnt ihr die Kerze jetzt trotzdem noch sehen. Stellt sie euch gut vor. Wie sieht sie aus? Welche Farben hat sie? Wie groß ist sie? Wie bewegt sie sich?
- Lasst euch nun von eurer Kerze eine Geschichte erzählen. Wo kommt die Kerze her? Was hat sie bisher erlebt? Was tut sie, wenn sie nicht bei dir ist?
- Wer mag, öffnet seine Augen jetzt ganz langsam wieder und schaut wieder auf die Kerze.
- Wer mag, kann jetzt von seiner Kerze erzählen."

Haben die Kinder erzählt, gehen sie langsam, eines nach dem anderen zum Spiegel in der Mitte des Raumes und legen ihre Kerze dort am Rand ab.

So haben Sie zum Abschluss eine geheimnisvolle und besinnliche Stimmung.

Mit Hilfe von Spielmaterial zur Ruhe kommen

Alle spielen mit
Für alle Altersgruppen geeignet
Material: Luftballons, Seidentücher, Seifenblasen, Watte

Es gibt viele Spielmaterialien, die dafür geeignet sind, Kinder zur Ruhe zu bringen.
- Seifenblasen herstellen, in die Luft blasen und zuschauen, wie sie zerplatzen. Möglichst große Seifenblasen herstellen, viele kleine Seifenblasen machen, sich zu zweit Seifenblasen zupusten. Schauen, welche Seifenblase am längsten hält, welche besonders weit fliegt, welche besonders hoch fliegt.
- Ein Seidentuch in die Luft werfen und wieder auffangen. Mit zwei oder drei Seidentüchern jonglieren. Zwei Kinder spielen sich gegenseitig die Seidentücher zu.

Ein Seidentuch in die Luft werfen, sich ein- oder zweimal um die eigene Achse drehen und das Tuch wieder auffangen. Sich gegenseitig ein oder mehrere Seidentücher zuspielen.
- Mit einem Seidentuch die Seifenblasen zum Tanzen oder Platzen bringen. Sich Seifenblasen zuwedeln.

Kerzenmandalas stellen
Alle spielen mit
Für alle Altersgruppen geeignet
Spieldauer: 10–15 Minuten

Jedes Kind bekommt ein mit Wasser und einer Schwimmkerze gefülltes Glas. Im Wasser können auch noch Blütenblätter schwimmen, das sieht besonders reizvoll aus. Einzeln, das zweite Kind steht erst auf, wenn das erste wieder auf seinem Platz sitzt, stellen die Kinder ihre Gläser so in der Mitte des Raumes auf, dass ein Lichtermandala entsteht. Bevor Sie diese Übung machen, sollten die Kinder schon einmal ein Mandala gemalt haben. Ein Mandala ist ein Kreisbild, das um einen Mittelpunkt geordnet ist.

Kerzen haben eine ganz besondere Symbolkraft. Sie stehen für das Leben, die Seele, den Glauben, die Ruhe und begleiten Feste aller Art. Kinder sind schon von klein auf vom Schein des Lichtes fasziniert. Bevor Sie „mit dem Feuer spielen", sollten Sie allerdings auf ein paar sicherheitstechnische Dinge eingehen und die Kinder um Vorsicht bitten. Vergessen Sie auch nicht, einen Eimer Wasser bereitzuhalten.

Bäume im Wind – Blumenerwachen

Alle spielen mit
Für alle Altersgruppen geeignet
Material: Entspannungsmusik
Spieldauer: 10–20 Minuten

Während Sie eine ruhige Musik spielen, liegen die Kinder entspannt auf Matten am Boden und hören auf Ihre Geschichte:

a) „Ihr liegt alle auf einer großen wunderschönen Wiese am Rand eines Waldes. Steht nun langsam auf, lasst die Augen geschlossen und stellt euch vor, ihr wäret Bäume. Die Bäume werden immer größer und größer und strecken ihre Äste von sich. Ein Wind kommt auf, der den Baum leicht in Bewegung bringt. Plötzlich beginnt es zu stürmen, die Bäume geraten ins Schwanken. (...) Plötzlich stürzen die Bäume um."

b) „Ihr liegt alle auf einer schönen Wiese. Stellt euch vor, ihr seid alle Blumen, die nun langsam zu wachsen beginnen. Sie werden größer, entfalten ihre Blätter, beginnen zu blühen, strecken sich der Sonne entgegen, lassen den Kopf hängen, weil sie kein Wasser bekommen ... ."

Spielvorschläge, die nach Spannung für Entspannung sorgen

• Atemspiele
Alle Kinder spielen mit
Material: Watte, Papierschnipsel oder Federn
Zeit: 10 Minuten

Zwei Kinder sitzen sich gegenüber. Sie pusten sich abwechselnd eine kleine Feder oder ein Stück Watte hin und her.
Die Kinder legen sich auf den Bauch und üben Watte weit pusten.

Die Kinder liegen auf dem Rücken und pusten die Watte hoch in die Luft. Sie versuchen, sie möglichst lange in der Luft zu halten.
Sie machen das Gleiche mit einer Feder und einem Stück Seidenpapier. Wie reagieren die unterschiedlichen Materialien?

Das Spiel muss sofort abgebrochen werden, wenn einem Kind schwindelig wird oder es aus der Puste geraten ist. Nach dem Spiel legen die Kinder eine Hand auf den Bauch und die andere auf die Brust. Sie spüren ihren Herzschlag und merken, dass der Atem schneller geht. Nun ist es Zeit zum Ausruhen.

• Tierwelt
Alle Kinder kriechen auf dem Boden. Sie sind in behäbige Tiere verwandelt worden, z. B. in ein Faultier, Siebenschläfer, uralte Schildkröte, satt gefressene Schlange, schwer beladenes Wüstenkamel ...
• Geschichten und Märchen erzählen und vorlesen
• Fantasiereisen

Wer lebhaft gespielt hat und angespannt war, braucht auch Entspannung. Manchen Kindern fällt es schwer, zur Ruhe zu kommen. Deswegen ist es nützlich, ein paar Methoden zu kennen, die beim Entspannen helfen. Sie sollten darauf achten, dass Sie bei den Entspannungsübungen nicht gestört werden, weder durch ein Telefon oder unangemeldete Besucher noch durch die Kinder.

Hierbei handelt es sich um meditative Spiele, die helfen, die Kinder wieder zur Ruhe zu bringen und die für Entspannung sorgen.

Musikmalen
Alle Kinder spielen mit
Für alle Altersgruppen geeignet
Material: Finger- oder Kleisterfarben, 1 Bogen Papier pro Kind, Musik
Spieldauer: 30 Minuten

Jedes Kind hat einen großen Bogen Papier vor sich und zwei bis drei Schälchen Finger- oder Kleisterfarbe. Sie legen eine ruhige, inspirierende Musik auf (vielleicht Mozart oder Vivaldi) und bitten die Kinder, der Musik zu lauschen, beim Malen dem Tempo der Musik zu folgen und das zu malen, was ihnen gefällt.
Vielleicht erzählt die Musik den Kindern ja auch eine Geschichte.

Sie sollten auf die Malerei überhaupt keinen Einfluss nehmen, sondern den Kindern nur Ruhe und viel Zeit schenken.

Wolkenbilder suchen
Alle spielen mit
Für alle Altersgruppen geeignet
Material: Decken
Spieldauer: ca. 15 Minuten

Vielleicht bietet sich ein Sommertag an, um Wolkenbilder anzuschauen und zu interpretieren.
Nehmen Sie Decken mit und legen Sie sich mit den Kindern ins Gras, betrachten Sie die Wolkenbilder. Vielleicht entdecken Sie Schäfchenwolken oder sehen andere Tiere, Figuren oder Gegenstände.
Wer Lust hat, kann später auch noch Wolkenbilder malen. Mit Wasserfarben und viel Wasser lassen sich schöne Wolkenbilder herstellen (Aquarelle).

Baer, Ulrich: 500 Spiele für jede Gruppe und alle Situationen, Akademie Remscheid 1990

Brandt, Petra: Erlebnispädagogik – Abenteuer für Kinder, Verlag Herder, Freiburg 2001

Brandt, Petra: Das muss draußen herrlich sein, Lambertus, Freiburg 1997

Geissler, Uli: Wilde Spiele, Ökotopia Verlag, Münster 1999

Gilsdorf, Rüdiger; Kistner, Günther: Kooperative Abenteuerspiele, Kallmeyersche Verlagsbuchhandlung, Seelze 1995

Hechenberger, Alois; Michaelis, Bill; O`Connell, John M.: Bewegte Spiele für die Gruppe, Ökotopia Verlag, Münster 2001

Kaiser, Thomas: Bleib bei mir, wenn ich wütend bin, Christophorus-Verlag, Freiburg 1998

Kaiser, Thomas: Das Wut-weg-Buch, Christophorus-Verlag, Freiburg 1999

Le Fevre, Dale: Das kleine Buch der neuen Spiele, Verlag an der Ruhr, Mühlheim 1992

Michaelis, Bill: Kreatives Bewegen, Ettlinger Verlag 1995

Orlick, Therry: Neue kooperative Spiele, Beltz Verlag, Weinheim 1996

Proßowsky, Petra: Yoga für Kindergruppen, Verlag Herder, Freiburg 2000

Rosengarten, Johannes: Mandala Malbuch für Kinder, Arena Verlag, Würzburg 1999

Schneider, Sylvia: Das Stark-mach-Buch, Christophorus-Verlag, Freiburg 2002

Sommerfeld, Verena; Huber, Barbara; Nicolai, Heidi: Toben, raufen, Kräfte messen, Ökotopia Verlag, Münster 1999

Stiefenhofer, Martin: 55 Tipps ... wie Ihr Kind zur Ruhe kommt, Christophorus-Verlag, Freiburg 2000

Stiefenhofer, Martin: 55 Tipps ... wenn Ihr Kind wütend ist, Christophorus-Verlag, Freiburg 2001

Teml, Hubert und Helga: Komm mit zum Regenbogen, Phantasiereisen für Kinder und Jugendliche, Veritas Verlag, Linz 1998

Thiesen, Peter: Freche Spiele, Beltz Verlag, Weinheim 1997

Thiesen, Peter: Klassische Kinderspiele, Beltz Verlag, Weinheim 1993

Wilmes-Mielenhausen, Brigitte: Komm mit auf meine Ruheinsel, Christophorus-Verlag, Freiburg 2001

Zimmermann, Monika: Kinder spielerisch zur Ruhe führen, Gräfe und Unzer, München 2002

Musik

Martin Buntrock: Traumreise, CD, mentalis Verlag, Essen 1993

Martin Buntrock: Meer, CD, mentalis Verlag, Essen 1993

Sabine Hirler: Kinder brauchen Musik, Spiel und Tanz. Lieder, Tänze, Reime, CD, Ökotopia Verlag, Münster 1998

Spielorganisationen

Pädagogische Aktion/Spielkultur e.V.
Tel.: 089-2609208
e-Mail: spielkultur@pask.muc.kobis.de
www.pask.muc.kobis.de

Fortbildungen, Veröffentlichungen, Projekte

Akademie Remscheid
Küppelstein 34
42857 Remscheid
Tel.: 02191-7940
e-Mail: akademiers@aol.com
www.akademieremscheid.de

Fortbildungen, Spielmobil, Beratung, Ausbildung zur Spielpädagogin, Spielnetzwerke

Projekt Traumfabrik

Postfach 120547, 93027 Regensburg
Tel.: 0941-401025
e-Mail: info@projekt-traumfabrik.de
www.projekt-traumfabrik.de

Sportkultur, Projekt, Workshops zu Sport, Theater, Spiel, Tanz, Körpererfahrung, Rhythmus

Adressen für Spielmaterial

Pappnase & Co
Tel.: 040-29810410
www.pappnase-co.de

Schenk und Spiel
Tel.: ++43(0)512-588101
e-Mail: schenk-spiel@verein-insieme.at

Petra Stamer-Brandt ist Erzieherin, Sozialpädagogin, Lehrerin an der Fachschule für Sozialpädagogik in Mölln und Lehrbeauftragte an der Christian-Albrechts-Universität in Kiel. Sie ist im Bereich der Fortbildung mit den Arbeitsschwerpunkten Projektarbeit, Umwelt- und Spielpädagogik, Partizipation und Teamentwicklung tätig.

Lektorat: Anima Kröger

Illustrationen: Klaus Puth

Coverfoto: Miguel Perez

Fotos:
Ulrich Niehoff: Seiten 8, 28, 34, 44
Heidi Velten: Seiten 38, 52
Miguel Perez: Seiten 10, 18
Ursula Markus: Seite 24

Umschlaggestaltung: Network!, München
Layout & Satz: Uwe Stohrer Werbung, Freiburg
Herstellung: Himmer, Augsburg 2003

Hier zeigen wir Ihnen eine Auswahl unserer beliebten und erfolgreichen Bücher – und wir haben noch viele andere im Programm. Wir informieren Sie gerne, fordern Sie einfach unser Verlagsprogramm an:

3-419-**53044**-7

3-419-**52896**-5

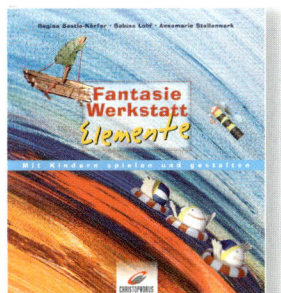

3-419-**53041**-2

3-419-**52026**-9

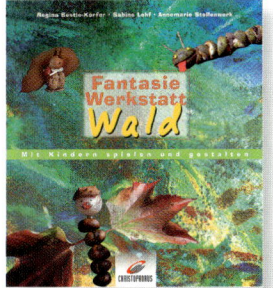

3-419-**53040**-4

3-419-**52933**-3

Bücher für Erzieherinnen, Eltern und Kinder

Bücher für Eltern und Familie

Bücher für Kinder

Bücher für ihre Hobbys

Wir sind für Sie da, wenn Sie Fragen haben. Und wir interessieren uns für Ihre eigenen Ideen und Anregungen. Faxen Sie, schreiben Sie oder rufen Sie uns an.
Wir hören gerne von Ihnen!

Ihr Christophorus-Verlag

CHRISTOPHORUS

Hermann-Herder-Straße 4
79104 Freiburg i. Breisgau
www.christophorus-verlag.de
Telefon: 0761 / 2717 - 268 oder
Fax: 0761 / 2717 - 352